袁大同 著

如何找对另一半

Finding Your Better Half

我的婚恋（代序）

寻觅知音

史无前例的“文化大革命”开始的时候，我刚好小学毕业，接着就是每天在学校“搞运动”的中学生活，三年时光转眼而逝，学业毫无收获。1969年，“知识青年上山下乡”的大浪一下子把我推到了黑龙江生产建设兵团，接踵而来的是艰苦而单调的北大荒“屯垦戍边”生活。那时，除了下地干活外，就是没完没了的政治学习；业余生活除了“侃大山”还是“侃大山”……我那有限的男女两性知识，都是从当地老乡在田间地头所讲的粗俗故事和宿舍内知青们信口开河的话语中获得的。那时，人们的精神生活空虚，无聊得很。男生们在一起时，谈论最多的除了女人还是女人；年纪稍大或早熟一些的知青都在风风火火地谈恋爱。晚上睡觉前，常常听他们一个接一个兴奋地交流各自的“经验”——如何捕捉“目标”，如何套牢“目标”等等。

我当时正值青春发育期，强烈地感觉到身体里面的冲动，然而，“出身不好”的自卑感使我一直不敢直面异性，我的内心充满了困惑与烦躁。而且，当时也没有人能解答我的种种疑问。那时，我心里真是复杂：既渴望能有女人来爱我，又不甘心在农村安家落户，一心想着有朝一日回到大城市。于是暗暗发誓：如果不能返回北京工作生活，就一辈子不结婚。

1975年，我终于在“文化大革命”末期开放的知青政策下回到了北京。然而大批的下乡青年返城，给城市就业造成很大的压力。父亲几经周折，才为我在一家街道小诊所谋求了一个职位，尽管工作、收入和社会地位都不怎么样，但毕竟摘掉了“待业青年”这个不光彩的帽子。

你幼年的恩爱，婚姻的爱情，你怎样在旷野，在未曾耕种之地跟随我，我都记得。
——《耶利米书》

眼看自己年龄不小了，又有了一份基本稳定的工作，“找老婆”的事也就自然进入我的“议事日程”。其实，当时周围也有不少姑娘向我暗示过爱慕之情。那时的姑娘，不像现在的姑娘那么火辣，一般都比较矜持，尽管如此，这方面有点愚钝的我还是能觉察出来，可那时我打定主意：不找则已，要找，就找一个漂亮姑娘。然而，对于我这样一个小诊所里的小人物来说，这谈何容易？

我找到了意中人

两年后，我有机会到一家医院进修学习。一天，一个女大夫神秘地跟我说："嘿，病房住进一个漂亮姑娘。我看你俩挺般配的，要不要我帮你撮合撮合？"我只当是一句玩笑，没太往心里去。后来她又来告诉我："你知道吗？主任查房时都说：这么漂亮的姑娘，有谁能配得上？我看也就是大同吧！"——我年轻那会儿也算得上是个帅哥。虽然当时还没有看到这姑娘，可我一听到这话，心弦仿佛被拨动了。从那一刻起，我就有一种感觉：这姑娘非我莫属，老天为我准备的老婆来了。后来，经过一系列的"外部进攻"和"内部策应"，我终于得到了姑娘的芳心。

学历的挑战

爱情正在顺利发展之际，问题又来了：我这个没读过多少书的返城知青，很是引不起未来老丈人的欢心——身为某名牌大学的教授，他一心想着给自己的宝贝女儿找个大学生。这也在情理之中。那时，"文化大革命”刚刚结束，大学生叫做“工农兵学员”，只有出身“红五类”的年轻人才有机会被推荐读大学，像我这样出身知识分子家庭的返城知青，能找到一份工作就已经很不错了，想进大学读书，简直是白日做梦。

正当我感慨生不逢时的时候，改革开放开始了，大学的大门重新对全社会开放，许多找不到工作的知青将这看成是改变命运的唯一机会，都打算做最后一搏。我感到自己学习基础太差，被录取的机会几乎为零，打算放弃这希望渺茫的挣扎。可是，未来岳父的态度时时威胁着我们的爱情。被逼无奈之下，我只好硬着头皮重新拿起书本，开始了起早贪黑向大学进军的艰苦历程。

大学已经十年没有招生了。高考制度刚恢复，一下子，全国过去十年间毕业的初、高中生同时参加高考——那景象，真是地地道道的“千军万马过独木桥”。要我这个刚刚完成小学教育就遇到“文化大革命”的人去参加大学考试，谈何容易！然而，爱情的力量真是伟大！经过极其艰苦的努力，我终于幸运地在26岁“高龄”时被大学录取了。

从幸福家庭走向冷战

大学期间，我们开始了马拉松式的恋爱——除了假期以外，我们每周只能见一次面。当时大学生谈恋爱还不是很普遍，即使谈，也不是很公开的，所以同学们都羡慕地说我“学习、恋爱两不耽误”。

大学一毕业，我们就结了婚。周围人都说我们是郎才女貌、天生的一对儿，我们也觉得自己很幸福。一年后，儿子出生了。当时，北京电视台正在放映一个日本动画片，主人公“伊休”聪明善良，由于我们儿子长得特别招人喜爱，周围的邻居就都叫他“伊休哥”。

《天方夜谭》中有一句话：“从此，王子和公主就过上了幸福的生活。”我们的家庭当时就是如此幸福。但就是这个让周围人都投以羡慕目光的近乎完美的婚姻，几年之后，也像中国大多数家庭一样，从最初经常性的矛盾冲突开始，几度冷战之后，甚至走到濒于破裂的境地。我们夫妻都非常苦恼，不知道为什么会走到这一步！再看看周围的家庭，没有几个和谐的。对这种现象，我们似乎也不觉得有什么不对，也许这就是人们常说的“过日子”吧。凑合着“过”吧！这样，我们不知不觉地“过”了十多年。

枯木逢春

十年浩劫之后，中国人都穷怕了，“多挣钱，改善家庭生活”成了一对对夫妻的当务之急，婚姻中即使有了矛盾冲突，也没有时间解决——人们都在得过且过。挣钱吃饱肚子，再添置一些当时看来是奢侈品的电器才是最重要的——人们对感情似乎都已经麻木了。我们夫妻也是如此。正当备感绝望的时候，我们认识了上帝和他的儿子主基督耶稣，获悉了十字架的真理。

我们的心从此发生了改变，用“枯木逢春”这句成语来描述，真是一点都不过分。从那时起，我们就知道圣经里蕴藏着无限的智慧和真理，我们夫妻开始如饥似渴地学习圣经。从圣经中，我们懂得了什么是人的原罪，它又是如何控制着我们的。正是与生俱来的原罪使人都以自我为中心，只考虑自己，而忽视了其他人的需求，尤其是自己配偶的需要。一个以自我为中心的人是不可能有真爱的。

敬畏耶和华是智慧的开端，认识至圣者便是聪明。

——《箴言》

最初几年里，虽然我们头脑中明白了许多圣经道理，但是不能应用到实际生活中，所以婚姻状况没有太大的改变。

神圣的使命

后来,我们开始解决自己婚姻中存在着的严重问题。我想:如果我们的信仰连自己的婚姻都不能指导,那我们所信的又有什么意义?我们既然坚信圣经所说的是绝对真理,这样的真理就应该能够指导我们的婚姻,让我们的夫妻关系更加和谐,生活更加有意义。如果我们这些有基督信仰的人不能幸福而充实地生活,那么只有两种可能:不是自己的信仰出了问题,就是自己没搞明白真理、没按照真理去做。我暗暗下定决心,一定要弄清上帝在圣经里对我们的婚姻有什么启示。

从那以后,我和妻子同心协力,不断钻研圣经,向长者请教,以求得到答案。虽然在这个过程中我们也时有争吵,甚至有大的冲突,但我们的夫妻关系在不断改善着。后来,我们俩有幸到北美参加了几次“婚姻与家庭建造”的课程及讲员培训。一天,我清楚地感受到上帝对我们夫妇的呼召:他要我们在“婚姻家庭的建造”上终生侍奉他。

1999年5月1日是我们结婚16周年纪念日。这一天,我们在自己家里为一对新人举办了婚礼,并在婚礼上第一次做了“圣经中的婚姻原则”这一主题的讲演,从此一发即不可收。在用所学的原则和知识指导自己婚姻生活的同时，我们夫妻不断向周围人讲述圣经中的婚姻原则，以及婚姻中夫妻互动的一些经验和方法。在多年的磕磕绊绊中，我们夫妻之间的关系、与儿子的关系都发生了翻天覆地的变化。现在，虽然不时还有摩擦，但我们总有一种重新谈恋爱的感觉，而且儿子在各方面也非常蒙受祝福。

九年多来，我们被邀请到二十多个省、数十个地区做婚姻和亲子教育讲座。我们的讲座和“幸福家庭小组建造”活动使许多夫妻回心转意，挽救了很多濒临破裂的家庭。在婚姻辅导的过程中，我们越来越意识到，许多婚姻的破裂都是因为人们对婚姻缺乏正确的认识、没有做好准备就盲目进入婚姻。故此，我们认为婚前辅导甚至比婚姻辅导更重要、更紧迫。于是，我们根据多年做婚姻讲座的经验，以及我们在婚姻辅导中遇到的诸多真实案例，开始着手专门为适龄青年开发婚姻预备课程。

每次我讲完课，总有人向我索取讲义。于是，在众多弟兄姐妹的鼓励下，我不揣冒昧地将近几年做婚姻讲座的内容编写成书。希望这本书能帮助准备进入婚姻的青年男女正确理解婚姻的意义，为他们将来的婚姻和家庭带去祝福。

爱情，众水不能息灭，大水也不能淹没，若有人拿家中所有的财宝要换爱情，就全被藐视。

——《雅歌》

目 录

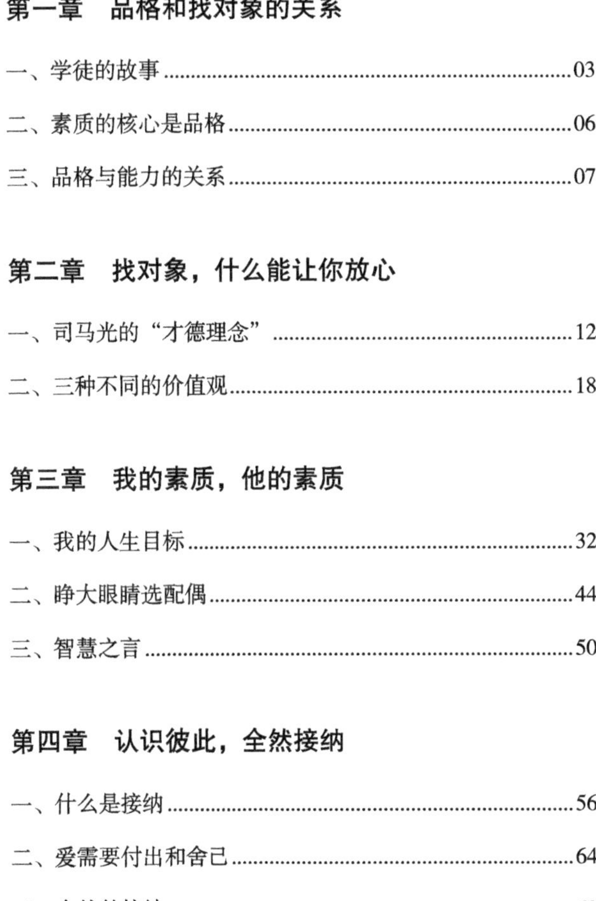

第五章 珍爱自己，尊重对方

第六章 婚姻中的秩序

第七章 不是一家人，不进一家门

结 束 语

注 释

第一章

品格和找对象的关系

人在最小的事上忠心，在大事上也忠心；
在最小的事上不义，在大事上也不义。

——《路加福音》

中国有句俗话：男大当婚，女大当嫁。婚姻是每一个人的终身大事，恋爱是人们进入婚姻的必经途径。所以，我们每一个人在一生中都要面临这样的重要决定：与谁结婚？何时结婚？那么，什么才是我们做出决定的标准？决定我们的婚姻是否幸福的因素是什么？在现实生活中，我们看到一些人注重对方的票子、车子、房子，一些人注重对方漂亮的脸蛋、窈窕的身材。在看到这些外在条件时，我们有没有看到对方是一个怎样的人？心灵是否美善？在说“我愿意”之前，你是否慎重而周密地考虑过对方的人品？对方的人品又如何考察？

有些信仰基督教的年轻朋友说：“只要我俩有共同的信仰，而且从相处到结婚内心都有平安，那就说明我们是上帝配合的了。”那么，是不是只要两个人有共同的信仰，就会拥有幸福的婚姻？如果真是这样，那些曾经在上帝和众人面前宣誓立约而后又离婚的人，他们的问题又出在哪里？婚姻幸福与否，难道真的是命中注定吗？有人说：“婚姻是爱情的坟墓。”我们该如何避免或尽量减少婚姻的破裂呢？

关于这些问题，我想先从“学徒的故事”讲起。

一、学徒的故事

这个学徒的故事是我小时候听父亲讲的。

父亲出生在辽宁省一个偏远穷苦的小山村。当时，那里的经济条件非常落后，村子里最有钱的“大户人家”也只能把孩子送到县城或者省城读书，读到高中之后就再没有钱继续供养孩子深造了，有高中学历的人，在当时就已经算是大知识分子了。对于广大穷苦家庭的孩子来讲，上学简直就是一种梦想。我父亲家里很穷。他说，那时穷人家孩子最大的盼望，就是能够到村里的一个杂货铺当学徒。我小的时候还看到过那种小杂货铺，就是一个很小的房子，摆着糕点、糖果、文具以及日用百货等等，总之什么都卖，有点像现在的小超市。或许你会问：为什么孩子们都梦寐以求地要做学徒呢？因为做学徒就要盘点货物和算账，这是穷孩子们能够有机会学习认字和算术的唯一渠道。

杂货铺的老板（当时叫做“掌柜”）在村子里可算是绝无仅有的知识分子，穷孩子都期望着能跟着他来改变自家几代人“面朝黄土、背朝天”的命运。况且做学徒还可以为家里减少一个人的口粮。这对当时小山村的穷孩子来说真可谓“一步登天”的美事。所以，有的家长会走门路、托朋友、请客送礼，千方百计把孩子送进铺子。做学徒的孩子深知机会得来不易，所以兢兢业业、不敢有半点的懈怠。但奇怪的是，这些孩子往往在学徒将要期满的时候，就被掌柜的炒了“鱿鱼”。家长问：“我儿子犯什么错误了？”掌柜的说：“你回去问自己儿子吧。”于是，家长回家问儿子。儿子说：“我也不知道。”村里的人们都好生奇怪。

父亲告诉我，“谜底”后来被揭穿了。原来，每当一个徒弟的学徒期快满的时候，掌柜的就会把徒弟叫到自己跟前，说：“徒弟，你学得差不多了，可以独当一面了。师傅明天要到城里进货，你好好看管铺子。”当时农村根本没有汽车，到县城、省城进货只能赶着胶皮轮马车。这样一来，师傅常常要一两个礼拜不在铺子里。师傅跟徒弟说：“我离开这一两个礼拜，铺子里的事情由你全权负责。但是要记住：铺子里所有的东西都是属于铺子的，不是你的，你要忠于职守。”徒弟说：“师傅放心，我一定尽心，您就瞧好吧。”于是，师傅进货去了。

你所喜爱的是内里诚实；你在我隐密处必使我得智慧。
——《诗篇》

在师傅离开的这段时间里，学徒一般都会努力做事情：按时开门，按时卖货，按时打烊……总要趁着师傅不在好好表现一下。打扫房间卫生时也会比师傅在的时候更加彻底一点，有些平日从来没有打扫到的地方也要

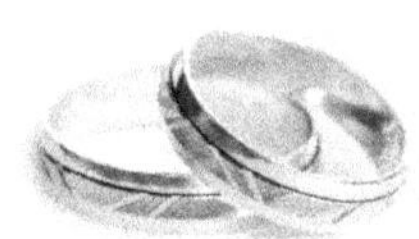

打扫打扫。这样，有一天他就会在箱柜底下或地砖缝隙中发现一个布满灰尘的银元……

故事讲到这里，你们可能已经猜到结果了。师傅回来后，第一天没有什么动静，师傅什么话都没说。第二天师傅会问学徒："我出门在外的这几天铺子里没有什么事情吗？""什么事情都没有，一切正常！"师傅点点头，还是什么话都没说。到了第三天，师傅说："好了，伙计，把你的父母请来，你的学徒期满了。"

银元是怎么回事？——对，是师傅故意放的。为什么要这样做？——对学徒委以重任之前，师傅要考察一下他的"心"。学徒看到银元上布满了灰尘，就以为一定是谁不小心把钱掉在那里，上面厚厚的尘土显然说明它落在那里已经好长时间，无人知晓。于是，便有了前面的故事。

学徒的"心"决定了银元的命运，从而也就决定了他自己的命运。遗憾的是不止一个徒弟如此，而是个个徒弟都没有逃出同样的结局。学徒之所以没能继续留下来，不是因为他们的能力不够，乃是因为他们的"心"不可信任。可见有能力的人易得，而有"心"的人却是难求！由此我们可以看出，杂货店老板留用徒弟的原则是：不仅要有能力更要有品格；如果没有品格，即便有能力也坚决不能留用。其实这一智慧做法是来源于圣经的。

耶稣说：“人在最小的事上忠心，在大事上也忠心；在最小的事上不义，在大事上也不义。”[1]。他的意思不是说“人如果不能做小事，就不能做大事”，而是说“人在小事上不忠心，在大事上也不会忠心”。指的就是品格。

如果连一个小山村里的杂货铺老板选择学徒都如此慎重地查验对方的品格，那么年轻人在选择伴侣这件终身大事上，岂不更应该以品格为重吗？

二、素质的核心是品格

毫无疑问，年轻人谈恋爱找对象，谁都想找一个高素质的人。那么怎样才能算得上是高素质呢？

许多人都认为：“素质”是指一个人所拥有特长和技能的多少、所受教育程度的高低、知识面的宽窄、身体的健康状况的优劣，心理承受能力的强弱，以及言谈举止的雅俗等。其实即便具备这些良好的条件，也不见得就是高素质的人。让我们看看吧。那些“电脑黑客”可都能算得上是高智商、高技能的人，但他们给社会带来多少麻烦和损失；写诲淫诲盗书籍和传播网络色情小说的都是些有知识的人，但他们给社会带来的却都是负

面影响，多少学生家长谈起他们都是愤愤然；再看看体育赛场上屡见不鲜的兴奋剂事件，就可以看到许多体育巨星们的内心世界；此外，许多江洋大盗在作案时都镇定自若，心理素质可谓极佳，可是他们却不会被看成是高素质的人。那么他们所欠缺的是什么呢？——是品格。

素质虽然是多方面的，包括文化素质、身体素质、心理素质、艺术素质等等。但是这些素质，所指的都是人的能力，是属于“素质”概念内涵中的次要因素。而人的品格才是素质中最为核心的部分。

一个人即便具备多方面超群的能力，但如果没有好的品格，就不会被认为是高“素质”的人；因此，从这个意义上看，品格才是决定一个人素质高低的关键。

三、品格与能力的关系

作为一个高素质的人，既要有“手”（动手能力），又要有“脑”（智力），还要有“心”（品格），这三个方面都应该具备。其中的品格是最根本的，没有了品格，其他方面的存在就失去了意义。

人的品格与能力的关系，就如同拇指同其他四个手指的关系。人在握拳头的时候，将拇指抱在其他四个手指外面所构成的力量，远大于将四个手指抱在大拇指外面所构成的力量。不信，你可以现在就试一试。在这里，大拇指就好比一个人的品格。许多人很有做事情的能力，但是由于缺乏良好的品格，他们通常喜欢在人前彰显个人的能力，而将不良的品格隐藏了起来。这样的人，虽可以成就事业，却不能造就他人的心灵。只有那些具有美好品格的人，才会对他人的生命产生积极的影响力。我由此联想起小时候父亲与我的一番谈话。

上个世纪六十年代，上海第六人民医院有个年轻的外科大夫，叫陈中炜，他成功地进行了一例断手再植手术。那时候的中国非常贫穷，医学技术和设备也十分落后，所以这一消息震惊了世界。当时《人民日报》、《北京日报》乃至《中国少年报》都在头版头条做了纪实报导。正在上小学的我在学校里读了这个文章，回到家，全家人一起吃午饭的时候，我就问父亲断手再植是怎么回事。（顺便说一句：那时候，我们一日三餐都是全家人在一起吃的。父亲很多谆谆教导，我们都是在饭桌上听到的。而现在，许多家庭一周都没有一顿团圆饭。家庭的概念在人们心目中越来越淡漠了。）父亲也是外科大夫，他详细地给我讲各种各样的断肢再植手术。从断腿、断臂、断手……最后讲到断指再植，给我留下深刻的印象。

父亲说，其他手指断了，即使无法再植，对日常生

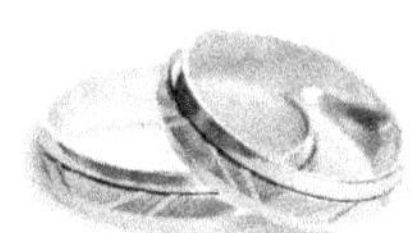

活也影响不大，但如果大拇指没有的话就麻烦了，大夫一定要设法从身上的其他肢体上取来一个指头（一般会取一个脚趾，但不能是大脚趾）移植到大拇指的位置。父亲说即便患者伤残得全身手指脚趾所剩无几，大夫也会毫不犹豫地截下其他的一个指头，移植到大拇指的位置上，并用它来再造一个大拇指。（我想，正是这一点使我至今对断指再植记忆犹新。）我当时倒吸了一口凉气，问父亲："患者已经很痛苦了，这不是更增加他的痛苦吗？"父亲说，比起其他的手指来，大拇指对手的功能起着更加关键的作用，如果没有大拇指，其他四个手指再健全，充其量也只能挠痒痒。我当时就试了试，还真是那么回事。

几年前我给大学生做婚恋讲座，当我讲到这里时，有个男学生立刻用食指和中指夹起一瓶矿泉水，高高举过头顶，低着头不讲话也不看我。我知道他在向我挑战。由于他坐在前排，所以这一明显的举动引起全场学生哄堂大笑。我尽力让大家安静下来，然后停下来对那个学生说："同学，请你用这两个手指把水瓶盖拧开，并当众喝一口水，怎么样？"他没办法了。全场又是一阵哄堂大笑。其实他帮我证实了这一点。

《士师记》1 章记载了一个真实的故事。以色列人攻取上帝给他们的应许之地时，抓到俘虏就将他们的大拇指和大脚趾砍掉，这些战俘从此就不能对以色列民族的安全构成任何的威胁了。因为他们的脚连站都站不稳，更不要说奔跑了；他们的手不能抓东西，更别提拿刀枪打仗了。我在这里举这个例子，不是谈以色列人当时的作法是否符合上帝的旨意，而是借此进一步向大家证明，大拇指在人的生活工作中有不可或缺的关键作用。（当然，大脚趾对于人的躯体运动也是非常重要的。）有了大拇指，每增加一个手指，工作能力就会成倍增加；若没有大拇指，即便其他手指都健全，也难以做什么。同样，人的品格相对能力来说，就好像是大拇指与其他手指的关系。因为，一个人如果没有品格，他的能力越强，给其他人带来的危害性就越大。

第二章

找对象，什么能让你放心

才德全尽谓之圣人，才德兼亡谓之愚人，

德胜才谓之君子，才胜德谓之小人。

凡取人之术，苟不得圣人，君子而与之，

与其得小人，不若得愚人。

——司马光

勿以恶小而为之，勿以善小而不为。唯贤唯德，能服于人。

——刘备

一、司马光的“才德理念”

早在宋代，司马光曾经提出一套很精辟的“看人”的理论。他在《资治通鉴》中写道：

> “才德全尽谓之圣人，才德兼亡谓之愚人，德胜才谓之君子，才胜德谓之小人。凡取人之术，苟不得圣人，君子而与之，与其得小人，不若得愚人。”

意思就是说，人可以分成这样的四种类型：

- “才德全尽谓之圣人”。这是既有品德又有才能的人，就好比一只手的大拇指和其他四个手指都好用；
- “才德兼亡谓之愚人”。这是既没有品德又没有才能的人，就好比一只手的大拇指和其他四个手指都没有；
- “德胜于才谓之君子”。这是指品德很好，但是能力有限甚至较弱的人，就好比一只手的大拇指很健康，其他四个手指有残缺；

- “才胜于德谓之小人”。这个人才华横溢、技能超群，但是人品不好，就好比一只手有四个手指，却没有大拇指。

你若问一个寻找人才的团队：你们想找什么样的人？毫无疑问，他们会要德才兼备的圣人。如果找不到这样的人怎么办？则会取其次，即君子。如果圣人和君子都没有，找什么样的人呢？司马光建议你：与其要小人，不如要什么都不会的愚人。

司马光告诫说：“挟才以为善者，善无不至矣；挟才以为恶者，恶无不至矣。”意思是，品德好的人有能力，什么好事都能做；品德不好的人有能力，也什么坏事都做得出来。愚人的智力和能力都不够，所以除了偷鸡摸狗的事，不会给社会带来太大的伤害和损失。能够给社会和团队造成伤筋动骨的损害的，一定是很有能力而没有道德底线的人。有的人席卷几个亿的钱潜逃国外，有的人出卖国家机密换来荣华富贵，有的人欺上瞒下将国家资产转移到个人名下……这些人，哪个不是文韬武略，有着一身本领？

司马光还进一步分析说：

> “夫才与德异，而世俗莫之能辨，通谓之贤，此其所以失人也。”

君子坦荡荡，小人长戚戚。

——《论语》

一个人的才能和品德不是一回事。很多人不明白这个道理，以为是一回事，所以把有才的人和有德的人都叫做贤人。选择人才的标准出现了模糊，所以找不到真正的人才。

寻找人才如此，找对象也是一样：不能只注重对方的才干和金钱，而忽视了对方的品德。司马光之言提醒我们：没有正确的“取人之术”，你无法拥有幸福的婚姻。

司马光接着说：

“夫聪察强毅之谓才，正直中和之谓德。才者，德之资也；德者，才之帅也……”

一个人头脑聪明，有洞察力，强悍而有毅力，这是他的能力；而心存正直、公道、平和，这是一个人的品德。才能是品德的助手，品德是才能的统帅。有了良好的品德，才能越多，成就的事就越大。

我愿证明，凡是行为善良与高尚的人，定能因之而担当患难。

——贝多芬

司马光又说：

“自古昔以来，国之乱臣，家之败子，才有余而德不足，以至于颠覆者多矣……”

从古到今，给国家造成动乱的奸臣或者倾败家业的败家子，全都是有才能而没有品德的人。

一次，我在一个研讨会上听一位教授讲过这样一件真实的事情。

改革开放的初期，上海市一家企业管理技术公司来了一个名牌大学的高材生应聘。外籍老板看他一表人才，又有好的教育背景，二话没说就决定录用。

第二天他一来上班，老板就安排他进入公司的资料室，希望他尽快掌握国际先进的企业管理技术，从而尽早能够培训中国的企业家。这个高材生看到这么多宝贵的知识欣喜若狂，于是一头扎在资料室里，开始如饥似渴地钻研，一干就是半天，连中午吃饭都不离开资料室。到晚上下班的时候，他拿了一些文件跟老板说，为了能尽快掌握这些技术，希望能把这些资料带回家看。老板欣然同意了，还鼓励他利用休息时间多学习。

次日，他带回了文件，又一头扎进资料室；晚上回家的时候，他又带回家另外一些文件。就这样，大概过了四五十天，这位高材生交回了所有的文件，同时附上一封辞职信。他说觉得在这里工作没什么意思，不想干了。老板说，你不想干我也没办法，走就走吧。

可是几个月后，老板听说这个人自己开了一家新的企业管理技术公司，使用的全是他们公司的机密资料。老板去找到他，说他这是剽窃行为。他回答说：“你有什么证据说我剽窃你的？有本事你到法院去告我。”

用诡诈之舌求财的，就是自己取死，所得之财，乃是吹来吹去的浮云。

——《箴言》

当时我国这方面的法律还很不健全，所以这位老板也没有什么办法。

我们不得不承认，这个高材生确实非常能干。他用这么短的时间从众多材料中寻找出最精华的部分，并巧妙地将材料堂而皇之地带出公司进行复制。他并不是原样将别人的东西照抄照搬，而是要进行“偷梁换柱”的修改，并借此获得个人的利益。这个人的确具有出类拔萃的能力。然而，他没有好的品格，以至于外国老板惊呼：“中国人怎么是这等素质！”其他同胞也无辜地“背了黑锅”。

诚实人必多得福，想要急速发财的，不免受罚。

——《箴言》

一般来说，有智慧的领导人在选人的时候，都会注重人的品格，而不单单看他们的能力。

福特公司是美国最大的公司之一，它下属的一个工厂曾经出现了问题：一个很大的电机机组运转起来噪音很大，还很容易发热，不得不经常停下来检修。工程师们认为这个电机修不好了，公司那么有钱，应该换一个新的。福特知道这个电机应该能够修好，但是维修的人有点推脱责任，于是，福特没有用自己公司的维修人员，而是在一个很小的电机公司里面找到了一名工程师。这名工程师是流浪到美国的德国技术人员，名字叫斯坦·伊麦斯。他接受这个任务来到福特公司的时候，福特公司的专家们很不把这个小公司里的小人物放在眼里。然而，

伊麦斯却不太在意别人的态度。他带着一个小铺盖卷，睡在了电机的下面，白天夜里爬上爬下，每隔一会儿就听听，三天三夜没有离开这个电机。三天以后，他搬了一个梯子爬到了这个像房子一样大的电机上面，拿粉笔划了一个叉子，然后说：把这个机器打开，在划叉子这个地方拆去16圈半线圈。工人按照他的要求把电机打开，拆了16圈半线圈。再一合闸，机器运转得非常好。

福特大喜过望，对他说："你给我解决了大问题，你要多少钱的酬劳？"

斯坦·伊麦斯开价1万美元。这在当是可是一笔不小的数额。

福特说："1万美元！你就划了一个叉子，要1万美元太贵了吧？"

斯坦·伊麦斯说："先生，划一个叉子只要1美元，但是找到这个叉子划在什么地方，需要9999美元。"

福特听了他的话心悦诚服，并且认为伊麦斯真的是一个了不起的人才。他说："这样吧，你到我的公司来工作，我给你更高的职务，并且给你更多的工资。"

但是，伊麦斯说："先生，在我穷困潦倒的时候，我现在的老板给了我很好的工作，我非常感谢他，绝不能见利忘义。谢谢你的好意，谢谢你的邀请，我不能接受。"

福特更加佩服伊麦斯的为人，因为他不仅工作上兢兢业业，而且还非常忠诚。为了得到伊麦斯这样宝贵的人才，同时又不让他对自己的老板心怀歉意，福特就决定将伊麦斯所就职的公司全部买了下来。

二、三种不同的价值观

我们最先看到和了解的当然是外在的情况，但是我们必须逐渐由浅入深地去认识这个人的本质。因为这对于我闪的终身大事实在太重要了。

现在，年轻人在恋爱的时候往往忽略对方的品格，普遍更看重对方外在的东西。这似乎是很自然的事情，因为外在的东西最容易看到，也最容易激起人们的热情。然而，你要知道，外在的东西只是表面上的，并不是一个人的全部。为了减少恋爱中的失误，我们很有必要了解一下怎样去了解一个人。我们将从外向里分三层来看

清楚一个人。

第一个层次：我们称为“有什么”（to have），指一个人所拥有的东西。当你刚刚认识一个人的时候，首先看到的是他最表面的情况，也就是他所拥有的东西。除此之外，你短时间内看不到更多、更深的东西。

第二个层次：我们称为“做什么”（to do），指的是一个人的能力。相处一段时间之后，跟他的接触增多，你对他的了解也逐渐加深一些，可以看到他具备什么能力，如动手能力、思维能力、办事能力、为人处事能力、接受能力、沟通能力等等。但是，此时你还是不能清楚地知道这个人的内心世界。

第三个层次：我们称为“是什么”（To be），即他是一个什么样的人，也就是他的素质如何。如果说“to do”侧重于他的聪明才智，那么“to be”则强调他的内心世界是怎样的——他具有什么样的品格。

这三层反映了人们寻找恋人时三种不同的价值观。价值观的不同决定了人们在选择配偶时有着不同的标准。对这三种价值观进行比较，可以帮助我们明白婚恋中什么是最重要的。

1. 注重“有什么”的价值观

这是青年人恋爱时最普遍的一种心态。青年人寻找对象，无论是别人介绍还是自由恋爱，首先考虑的是对方所拥有的外在东西：相貌如何？身材怎样？有什么学位文凭？家境是否宽裕？有没有房子、车子？有没有靠山？有没有额外的负担？……人们大都很“现实”，知道很少有人能拥有这一切，如果真的拥有这一切，这个人也肯定轮不到自己。但是，他们认为自己的恋人至少应该有其中的一点或者几点，可以给自己一个娶她或嫁他的理由。以“有什么”的价值观为中心，人们的择偶标准就会随着时代的变迁而产生变化。二十世纪五十年代，择偶标准是“出身好”；六十年代，是“军人”；到了七十年代，是“大学生”；八十年代是生意人；九十年代是出国留学的人；进入二十一世纪就成了有绿卡的海归派、企业家……但这些东西能够长久吗？人失去了财产、地位、容貌、身份之后，该怎么办？爱情失去了动力，靠什么去维系？

我们知道：我们所拥有的都是“生不带来，死不带走”的身外之物，不论你拥有多少，一场地震，一次海啸，瞬间即逝。《箴言》说：“你岂要定睛在虚无的钱财上吗？因钱财必长翅膀，如鹰向天飞去。”[2] 那么这些身外之物一旦失去，你的“爱情”还有吗？

“一见钟情”的爱往往看中的就是对方的相貌、身材、举止、钱财等，因为这些东西一眼就能够看到，是外在的东西。

我们告诫青年男女：不知深浅，切勿下水！因为双方需要时间了解彼此真实的内心。相貌、身材、举止、钱财等表面的东西很容易就了解了，然而，我们能了解这个人有什么能力吗？能看出这个人的内心世界吗？要了解这些，一定要经过一段时间观察和接触，才能透过表面看到对方更深层的内心。

有人会说：“我知道钱财是身外之物，但容貌不是我身上的呀？”那么请问，美丽的容貌能够在你身上多长时间，有“青春永驻”的人吗？

有一首唐诗：

汉帝重阿娇，贮之黄金屋。
咳唾落九天，随风生珠玉。
宠极爱还歇，妒深情却疏。
长门一步地，不肯暂回车。
雨落不上天，水覆难再收。
君情与妾意，各自东西流。
昔日芙蓉花，今成断根草。
以色事他人，能得几时好？

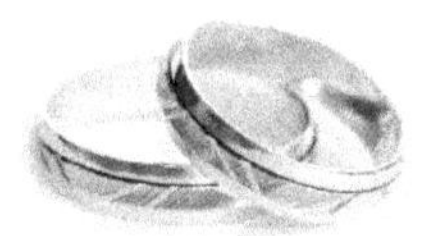

倚仗自己财物的，必跌倒，义人必发旺如青叶
——《箴言》

古人早在千年以前就告诫我们：建立在花容月貌基础上的爱情是不会长久的。

然而不可否认，靓丽的容貌和俊美的风度是最容易点燃我们爱的火焰的。有一首歌这样唱道："你就像那一把火，熊熊火焰燃烧了我。"为什么会燃烧我？因为"你的大眼睛明亮又闪烁，好像天上星星，是最亮的一颗"——她有大眼睛。你看见了以后，火焰就燃起来了。所以说你的爱只是对大眼睛的反应。大眼睛没有了，你的反应就消失了，爱也就随之结束了。

南方某城市有一个艺术学校，那里都是千里挑一、万里挑一的帅哥、靓妹，有一个女孩是靓妹中之靓妹，所以身后总是有许多赶不走的追随者。有一天，一个骑进口大摩托车的小伙子来找姑娘。在众人目光的关注下，姑娘觉得自己很露脸，纵身一跃骑上了摩托车，同小伙子"轰"地跑了。出去之后，到了一条刚建好尚未投入使用的高速公路。他们钻过栏杆，在崭新的高速路上"兜风"……太爽了！他们越开越快，越开越高兴，两个人觉得太幸福了，像天马行空一般。想着想着就忘乎所以了，想学《泰坦尼克》电影中那个经典的镜头。于是他们在摩托车上站起来，一起展开双手。结果，摩托车一下横着飞了出去，女孩子的半边脸被毁了容。

靓妹住进了医院。头一天还有几个人看她，到后来，守在身边的只有她的父母，而那些“追随者”不用赶就都无影无踪了。这难道不值得“花瓶”们深思吗？《箴言》说：“艳丽是虚假的，美容是虚浮的，惟敬畏耶和华的妇女必得称赞。”[3]《耶利米书》：“你因倚靠自己所作的和自己的财宝，必被攻取。”[4]

凡过于把幸运之事归功于自己的聪明和智谋的人多半是结局很不幸的。

——培根

2. 注重“做什么”的价值观

光看外表，很多时候无法判断一个人的能力和价值。有的人虽然家境贫寒、出身卑微，但是他头脑灵活、聪明绝顶，或者是身怀绝技、才艺超群；有的人乍一接触其貌不扬并不起眼，但接触一段时间后，才知道他原来是文韬武略，见多识广。

很多清高的人对钱财、势力、名气、头衔是不屑一顾的，也不太看重对方的形体和相貌，却十分看重有真才实学、有能力的人。如果某人是大夫、律师、艺术家、电脑专家等有技术特长的人，或者他很会为人处世、左右逢源、关系亨通，或者他头脑灵活、善抓机遇，便会很得他们青睐。欣赏有能力的人似乎很有道理：只要他有能力，我们自然不会受穷。

我父亲是个外科大夫，“文化大革命”的时候被视为反动学术权威，被勒令停止工作去喂猪喂牛。“文革”

结束后，父亲恢复工作时已经不能拿手术刀了，但是他仍然可以给病人看病。有个朋友对我说："你看见没有？做人就得像你爸这样，把宝贝都放在脑子里——你可以拿走我的财产、毁掉我的手，但只要不把我的脑袋扭走，我就有饭吃。"当时，我觉得这总结真是太精辟、太智慧了。所以从那以后，我就把"长本事"作为自己奋斗的目标。其实不仅我一个人，现在很多家长不都是在极力培养孩子各方面的能力吗？学习文化知识、学乐器、学电脑、学外语、学画画。他们认为多一种能力多一条路，孩子有了这些本领，走遍天下也不怕。

然而，有本领就有依靠吗？万一他的知识和技能过时了怎么办？万一他脑震荡失去了记忆怎么办？或者他把这些技能和聪明才智都用来对付你怎么办？我们在有关素质的论述中已经看到这样的可能性。

《哥林多前书》说："我若能说万人的方言，并天使的话语，却没有爱，我就成了鸣的锣，响的钹一般。我若有先知讲道之能，也明白各样的奥秘、各样的知识，而且有全备的信，叫我能够移山，却没有爱，我就算不得什么。我若将所有的周济穷人，又舍己身叫人焚烧，却没有爱，仍然与我无益。"[5]这段话告诉我们，你就是有天大的本领，没有一颗爱心在里面，就没有什么积极的意义。

3. 注重“是什么”的价值观

我们不是说在恋爱中了解对方“有什么”和“做什么”不重要，而是说这些不是最关键的。能够使婚姻和谐、稳定、长久的，是人的心。配偶是要跟你共度一生的人，所以他（她）的品格如何才是最为要紧的。

（1）他是一个仁爱的人，还是一个冷酷的人？看到别人需要帮助的时候，他是积极伸出救援安慰之手，还是愤愤地说“我需要帮助的时候，谁帮助我了”？

（2）他是一个喜乐的人，还是消极悲观的人？他每天是以微笑面对生活，还是唉声叹气、愁眉不展？在你遇到痛苦、挫折和失败的时候，他是鼓励你说“没关系，我们重新再来！”，还是他更加泄气地埋怨和唠叨说“算了吧，没指望了”？

（3）他是一个喜欢与人和平相处的人，还是一个喜欢与人斗的人？他是凡事愿意默默给别人带来祝福，顾全大局，还是到处喜欢出风头，剑拔弩张的人？

（4）他是忍耐大度的人，还是小肚鸡肠？遇到一些不公正的待遇或者他人的误会，他是老练地以宽容的心去面对，还是赌气、诅咒说“让他见鬼去吧，不得好死！”？

（5）他是以恩慈对待别人的人，还是一有机会就打击报复别人？受到别人伤害的时候，他是恩待伤害自己的人，与人为善、主动修好，还是抓住人家的错误不放，咬牙切齿说“等着瞧！看我怎么收拾你！君子报仇，十年不晚”？

（6）他是个良善的人，还是个恶毒的人？对于老人、孩子、残疾人，他是像对待你一样亲切地对待他们，还是冷眼相待？有一次我在北京的公交车上看到过这样的情景：一对年轻的恋人，男的先冲上去抢了后门边上的两个座位。这时跟着上来一位老人，站在座位前想坐下，小伙子先是不让，后来在周围人谴责目光的压力下，才不情愿地把其中一个座位让给老人。女友上来后，小伙子把抢来的座位让给了女友，自己满绅士地站在女友的前面。当时是北京最冷的季节。女孩子说：“这门缝的风真大。”小伙子听了二话没说，刷地拉开羽绒服的拉链，张开两翼为姑娘挡住从门缝里吹进来的寒风。那形象，就如同当初打虎上山的杨子荣。哇！那女孩子此时真感到自己就像是一个高贵的公主。她也一定觉得这男友的心对她很好！她错了。良善还是冷酷，是在怎样对待那个老人上辨别出来的。

岁寒，然后知松柏之后凋也。
——《论语》

（7）他是讲信用的诚实之人，还是心口不一、反复无常？《诗篇》说：“他发了誓，虽然自己吃亏，也不更改。”[6]说的是守信用的正直之人。

一位基督徒朋友，他与别人合作组织一场演出，门票都已售出，演出却因故取消，随之而来的经济损失可想而知，合作的伙伴见势不妙都逃之夭夭了。他自己一个人承担起收尾工作的全部责任，并且亲自去现场退票。很多不明真相的观众愤怒地甚至想打他，他强忍委屈，耐心地解释。最后，尽管他为此欠下巨额债务，但诚信的品格却使他赢得了一位姑娘的芳心。上帝以自己的慈爱和公义赐给这位中年未婚朋友一位贤良的年轻妻子。

不守信用的人虽然在恋爱的时候信誓旦旦，但结婚后，看到年轻、更有魅力、更漂亮、更有钱或者更有势力的人，难免见异思迁："我们俩的结合是个误会！结束吧，爱是不能强迫的。"因为他的许诺都不过是达到个人目的的一种手段。

（8）他是个温柔的人，还是个暴躁的人？当遇到冲突矛盾时，他的态度怎样？是温柔面对，还是暴跳如雷？《圣经》说："生气却不要犯罪"。我们不能让自己不生气，因为那是上帝赐给我们的正常情感，但是我们可以把自己的怒气控制在一定的程度。一旦我们的情绪失控，头脑就会发热，暴怒之下很容易做出不理智的事情。

（9）他在各种的诱惑面前是很有节制，还是无度地放纵自己的欲望和嗜好？婚姻生活中会面对许多大大

在命运的颠沛中，最可以看出人们的气节。

——莎士比亚

小小的诱惑。没有人不知道酗酒、赌博、上黄色网站、整夜泡在网吧等嗜好是不好的，但有的人能克制自己的欲望，有的人却不能。倘若他在日常生活中很有节制，那么就说明他对婚后难免遇到的各种诱惑具有相当的抵抗力。

上帝有众多的美好形象：公义、慈爱、怜悯、饶恕、谦卑、圣洁、无私、和平、良善、温柔……他将这些赐给我们，使我们能够拥有其中的某些品格。但是有一点：这些品格一定要在“关系”中才能够得到具体的体现和彰显。那么，什么关系最能反映这些品格呢？那就是夫妻关系。这就是为什么上帝首先创造夫妻关系而不是其他的关系。人在夫妻关系中品格的展现是最真实的，是不能伪装的，而在其他关系上都可以加以“修饰”。我们刚和妻子吵完架，出了门就可以微笑着与邻居打招呼；我们可以在电话中温和地劝解朋友或同事，放下电话就可以向老公瞪眼睛。

这世界上，要说谁最了解我们的内心，当然是上帝，任何一个不圣洁的念头也瞒不过他。其次，就是我们的配偶了。让我们牢记：人的品格决定夫妻关系的好坏，夫妻关系的好坏也证明人的品格。同样，一个人的品格决定着其配偶在婚姻中是否幸福。

精神病学家弗兰克·皮特曼（Frank Pittman）写道：

"我们生活的稳定与否取决于我们的品格。是品格的力量而不是激情使婚姻得以长期维持下去，夫妻共同抚养孩子长大，使其成为一个有责任心和劳动能力的公民。在这个不完美的世界里，是品格的力量使人们能够活下去，忍受并超越他们的不幸。"婚姻是每个人的终身大事。恋爱，就是寻找能与你同甘共苦、厮守终身的人。人们在婚姻中难免会遇到各种危机，外在的法律制度对于处理这些婚姻中的危机都无济于事，只有夫妻双方的品格是能够帮助他们渡过危机的载体。

第三章　我的素质，他的素质

这样，凡好树都结好果子，惟独坏树结坏果子。

好树不能结坏果子，坏树不能结好果子。

——《马太福音》

上一章说过：谈恋爱，最重要的是要了解对方的品格。那么，怎样才能深入了解对方的品格呢？耶稣在《马太福音》说："这样，凡好树都结好果子，惟独坏树结坏果子。好树不能结坏果子，坏树不能结好果子。"所以，要想知道他是"好树"还是"坏树"，[7]看一看他所结的"果子"（在日常生活中的表现）就知道了。

一、我的人生目标

常言道："鱼找鱼，虾找虾。"这句带有一些贬义的俗语却道出了恋爱的规律：你要想娶一条鱼，首先自己要成为一条鱼；你要想嫁一只虾，首先自己要成为一只虾。就是说：要想找一位合适的伴侣，首先自己要成为一个合适的伴侣。在前文我们已经看到素质的重要性，所以不难得出这样的结论：预备自己成为一个合适的伴侣，实际上最重要的是要预备我们的心，努力使自己成为一个身心灵都很健康的人——一个具有美好品格的人。用前文所说的三个层次来衡量自己，我们就会对自己有个大体的认识了。

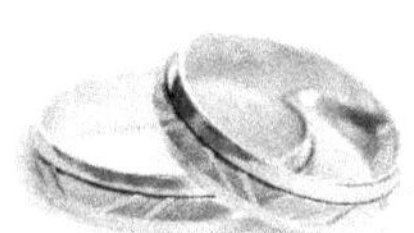

下面这个表格，可以帮助我们看清不同价值观的人自我满足的不同方式，以及满足后的表现。让我们学会观察生活，在生活中不断操练并提高自己的品格。

表一 不同目标的追求带来不同的心态

	满足感	满足之后	表现
有什么（to have）	通过对物质的占有和支配权来满足	满足之后仍看不到自我的价值	自卑、显露、张狂、空虚、攀比、掌控
做什么（to do）	通过提高做事能力和成功率来满足	满足之后会有些自我价值感，但仍感到有缺憾	骄傲、敏感、嫉妒、争竞、主观、动摇
是什么（to be）	接受基督作为救主获得新生命寻天赋、知天命、尽天职	满足后就找到了自我的位置和价值	受教、安静、喜乐、充实、坚定、有序

1. 持“有什么”价值观的人

追求“有什么”的人，认为人的价值是由所拥有的东西决定的：人所拥有的越多越大，自己的价值就越大、地位就越高。持这种价值观的人，通常是以不断追求更多的财富、更美的容貌、更高的名声和地位为目标的。每当达到一个新的目标，他会有短时间的欣喜，但内心没有真正的满足。其具体表现是：自卑、显露、张狂、攀比、空虚、掌控。

（1）自卑。持此种价值观的人会想：穷的时候没有人瞧得起我，所以我必须要有钱。多少钱才算够呢？十万，百万，千万，还是一个亿？人们终将发现，钱丝毫不能使人摆脱骨子里的自卑感。因为无论有多少钱，这些钱都不能代表你自身的价值，金钱生不带来死不带去。

有的人看重文凭，以为上了大学就有价值了。结果拿了学士、硕士甚至博士，到头来也不过如此。即便别人都刮目相看，心中的自卑感仍然不能释然。

美国好莱坞明星泰勒是全世界公认的美人。尽管有如此的声誉、财富和令世人仰慕的美貌，她仍然在自卑感的驱使下做了很多次美容手术。

（2）显露。认为“有”了什么就可以提高自己地位的人总是要找机会把自己所拥有的展示出来让别人看到。他们觉得人家不知道或看不到，就会无视我的存在，所以会有以下行为：

- 要将我的美貌显示给大家看——一个接着一个的选美比赛就是这个原因；
- 要将我的学位、头衔显露给大家看——印在名片上或不时提起；

- 要把我的钱显露给大家看——一个硕大的黑皮钱夹抱在腋下；
- 要把我的财富显露给大家看——价值数万的劳力士表，价值不菲的项链、戒指、豪华车子。

（3）张狂。有些人得不到某些东西的时候自暴自弃，一旦得到马上就会张狂起来——趾高气扬、目空一切。“你没有，可是我有。”在某些歌厅，富翁富婆们为了摆阔，点一支歌付给歌手上万元的费用。

一次，我在电视上看到一个顶尖级的节目主持人采访一位最有名气的男影星。主持人问：“人们都说你是中国最牛的演员，能告诉我你为什么这么牛吗？”那影星说：“其实他们不知道，我里面是最自卑的。因为自卑，所以我在人面前就特别牛，来掩饰我的自卑。”他这话说得非常到位，也非常实在。的确，“张狂”恰恰说明人内心的自卑——用张狂来掩饰自卑。

（4）攀比。攀比的人，往往很在乎别人是不是比自己拥有更多的东西。所以，他不能让别人盖过他的风头。别人结婚用十辆车，我就要用二十辆；别人办了十桌宴席，我就要二十桌；别人买帕萨特，我就买奥迪；别人买宝马，我就买奔驰。反正我要压过其他的人。只有压过别人，才能证明我更有价值。

（5）空虚。空虚的人极其要“面子”。这种人特别追求时尚，附庸风雅；他们会用许多宝贵的时间、精力去做一些很时髦却实在无聊的事情。例如，无止境地“追星”，对某种球类比赛狂热迷恋，像老年人一样成天陪伴宠物，为了买到一件时兴的牛仔裤会用半个月的时间跑遍整个城市，为得到一个明星的签字会在人家下榻的饭店外嗷嗷地叫上一夜。

（6）掌控。掌控的人认为，一切能够给我带来价值感的东西，我都一定要牢牢掌握在手：能否干事情没关系，权力是不能松手的。一旦离职或退休，权力没有了，我就一钱不值了，没有人搭理我，所以离职就像末日来临。

所作决定的对错没有关系，产生什么后果也无所谓，但要让人们知道是谁说了算，谁是真正的“腕儿”。

持“有什么”价值观的人需要知道：无论拥“有”多少，都不能给予人真正的满足，因为所拥有的那些，不能代表人自身的价值。

你们要先求他的国和他的义，这些东西都要加给你们了。
——《马太福音》

2. 持“做什么”价值观的人

持这一价值观的人认为，人的价值是由一个人所具备的能力决定的，能力越多价值就越大。这种人通常通过提高做事能力和成功率来提升自我，每当能力提升到

一个新的高度，他们就会觉得身价也随之提升了。他们认为：外在的东西可以失去，可本事总是我自己的——只要我活着，本事就丢不了。

然而，学问可能会过时、头脑可能会迟钝，“做什么”也无法给人带来内心真正的满足和长久的平安。

持“做什么”价值观的人的具体表现是：

（1）骄傲。成功的时候，他会沾沾自喜、洋洋得意：“你看，我比你们都强……我行，你不行……所以我比你们都重要，比你们更有价值。”

（2）敏感。这种人自尊心强，很关注别人对自己的看法。他们面对别人的批评很紧张，而且反应过度，因为那意味着自我价值受到贬低。

（3）嫉妒。这种人不允许别人比自己强，如果那样的话，他就太没有面子了。听说某某人比自己干得好，他就坐卧不安、暗生妒意。于是开始诋毁、算计，不能让这个人太得意。

（4）争竞。这种人心想：这次你比我强？下次我比你更强。他们往往表面上一副我无所谓的样子，暗中却憋着劲跟你干，非干过你不可。只有这样，才能使自己有良好的感觉。

（5）主观。这种人总是觉得自己是对的，别人都是错的。一旦认准了的事，没有人能改变自己。

（6）动摇。持“做什么”价值观的人都很注重能力，但是当所处的环境不适合发挥自己的能力时，他便会产生动摇。

我们对下面的图进行一下分析：

- 情景一。当所处的环境完全不适合他的潜能发挥时，他的潜能无法得到体现，也就意味着他看不到自己有任何价值。

你要专心仰赖耶和华，不可倚靠自己的聪明，在你一切所行的事上，都要认定他，他必指引你的路。

——《箴言》

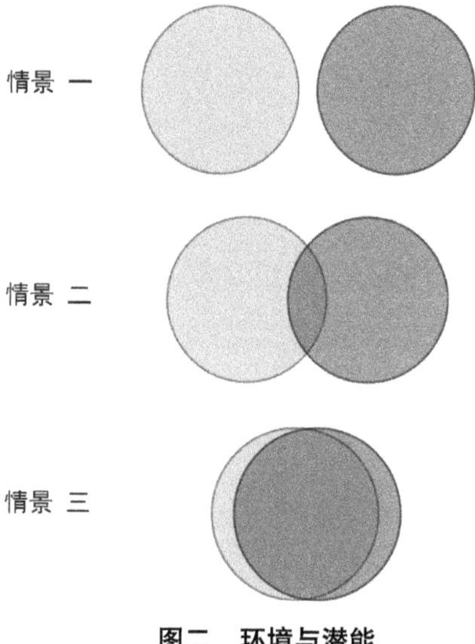

图二　环境与潜能

- 情景二。当所处的环境能够让他把自己的潜能发挥一部分时，他就看到自己所发挥出来的那部分价值。
- 情景三。如果所处的环境非常适合发挥他的潜能时，他就会更多地看到自己的价值。

当然不会否认成功人士自己所付出的艰辛劳动，但更重要、更关键的是，他们找到了最能够发挥自己潜能的领域和环境。当一个人将自己的潜能（天赋，即上天赐给他的礼物）充分地发挥出来时，他的自我价值感就得到较大的满足。

一个对自己的能力充满自信的人，一旦环境改变，致使他的能力无法得以发挥，时间一长，他的自信心就会动摇。十多年前，我在国外的报刊上看到中国在北美的一个博士毕业生和一个博士后先后自杀的报道。人们不禁要问：被人仰慕的成功人士怎么会自杀呢？究其原因，我们可以看到他们有着相似的求学经历：从小学到中学到大学再到出国读研究生，他们都一直处在顺境之中，从来没有失败过，可是一旦遭受挫折，身处逆境，比如博士论文没有通过、一个试验失败、几个月没找到工作，他们就会对自己的能力产生怀疑，看不到自身的价值，甚至会走到自绝的地步。

3. 持“是什么”价值观的人

我们知道，上帝是至圣至善的，人性中一切真善美都来自上帝，所以那些好的品格也来自上帝。持“是什么”价值观的人看重的是人的品格，他们以寻天赋、知天命、尽天职为己任。

（1）寻天赋。就是由兴趣的引导来逐渐发现自己的天赋。

《传道书》说："少年人哪，你在幼年时当欢喜快乐。在幼年的日子，使你的心欢畅，行你心所愿行的，看你眼所爱看的，却要知道，为这一切的事，神必审问你。"[8]

上帝给了我们每个人与众不同的特殊恩赐，年青人应该在自己兴趣爱好的引领下，耐心挖掘自己里面的潜能，最大限度地将其发挥出来，以此来荣耀上帝。所以，努力寻天赋的人不会根据哪个行业最时髦、最容易赚钱、最受人仰慕、最稳定来选择自己的职业。

（2）知天命。就是看到上帝给自己的远景。

《箴言》说："没有异象，民就放肆。"[9]异象，就是"远景"，这是上帝为人设定的进取目标。人失去了人生目标，生活就失去了意义，很自然就会自我放纵、无聊懒散或恣意妄为。

有远景的人会有这样几个明显的特征：

①他的生活会越来越简单。他知道人生最重要的是什么，他知道有很多有意义的事情在等着自己去做所以，他不会在物质生活和娱乐生活上有过多、过高的追求。正如《提摩太前书》所说："因为我们没有带什么到世上来，也不能带什么去，只要有衣有食，就当知足。"[10]

惟有你们是被拣选的族类，是有君尊的祭司，是圣洁的国度，是属神的子民，要叫你们宣扬那召你们出黑暗、入奇妙光明者的美德。

——《彼得前书》

②他的工作会越来越专注。他逐渐认识到生命的意义，也认清自己的使命。广泛尝试和多方面预备之后，他逐渐侧重乃至专注在某个方面，而且越来越投入。他不会“今天做这个，明天做那个”，或者是“三天打鱼，两天晒网”。

③他的目标会越来越清晰。他开始只是有一个前进的大致方向，然后越来越聚焦于某一具体方面。他知道人都是有限的，只有立定某个具体的目标之后，才能用有限的时间和精力去完成某个具体而有意义的使命。

④他的态度会越来越坚定。在前进的路途上，他越做越有兴趣，越做越有效果。他心明眼亮，不受诱惑，且有着不屈不挠的信心。每当遇到挫折和失败，他都知道那不过是上帝在预备他做成更大的事情。所以他绝不言败，更不会轻易放弃。

（3）尽天职。就是认清自己在这个世界上必须完成哪些工作、做好哪些角色、尽到哪些义务——因为你是无法替代的。

①在工作上，要兢兢业业做好自己的本职，作光作盐，为世人作美好的见证。这是耶稣赋予我们每个人的使命，所以是我们的天职。《使徒行传》说：“但圣灵降临在你们身上，你们就必得着能力。并要在耶路撒冷，犹太全地，和撒玛利亚，直到地极，作我的见证。”[11]

圣灵所结的果子，就是仁爱、喜乐、和平、忍耐、恩慈、良善、信实、温柔、节制。

——《加拉太书》

②在家里，要努力扮演好自己的角色，如为人夫、为人妻、为人父母等等。这些是没有人能够替代的，是我们的天职。担任任何社会公职都能够有人取代你，即便是国家总统也不例外。但是，在家里的角色没有人能取代你。我母亲年过八十，脑溢血留下后遗症，行动不能自理，我们几个兄弟姐妹找了保姆护理她，但是我们清楚地知道，对母亲来说，即便保姆日夜守候在身边，也不如做儿女的在她身边待几个小时来得重要。在她这里难受、那里难受的时候，我们做儿女的回去看望她，拉着她的手叫一声“妈”，她顿时就什么病都没有了——比任何灵丹妙药都有效。亲情带来的安慰是别人无法带来的。

当我们尽自己最大的努力去完成这些天职的时候，我们就找到了自己的位置，从而也找到了自己真正的价值。只有尽到这些职分，我们的心才会得到平安。

我们每个人都好像是拼图游戏（jigsaw paw Puzzle）中的一个板块，单独一个板块无论它本身多么漂亮和光彩，离开了整个拼图就没有任何的意义。每当它跟相邻的板块找到一个对应的关系时，它们之间的关系对于整个拼图的价值和意义就随之增加。关系建立的越多，价值和意义就越大。我们同家人的关系也是如此：你与配偶、儿女、父母的关系越和谐，你的价值感就会越大。

当这些相邻的关系都相继遭到破坏时，即便你这个板块本身成了纯金的，你也会感到极其孤独，得不到任何价值感。

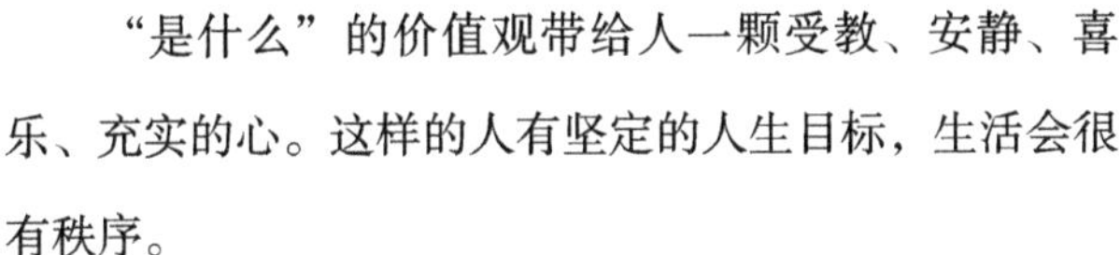

“是什么”的价值观带给人一颗受教、安静、喜乐、充实的心。这样的人有坚定的人生目标，生活会很有秩序。

（1）受教的心。他内心谦卑，能够虚心聆听他人的指教，甚至是严厉的批评。

（2）安静的心。他有着平和的心态，从不想通过张扬自己的某些优势来招引他人的目光或证实自己的价值。

（3）喜乐的心。他为自己目前所拥有的感到庆幸，感恩不已。

（4）充实的心。他的内心因信仰耶稣而得到极大的满足，他的整个心都被基督的爱充满了，感到生命很有意义。

（5）坚定的人生目标。他不会因为环境的变化或周围人的风言风语而动摇自己的信心或改变自己的目标。

（6）有序的生活。他做事情中规中矩，一切按照次序而行。

二、睁大眼睛选配偶

几年前，我从湖南讲完课坐软卧回北京，车厢里除了我和我的助手，还有两位旅伴：一位大学教授，另一位是倒运煤炭的商人。那位商人主动给我们讲起他在不同城市包养大学生的故事，那样子很是洋洋得意。他在每个城市都有一个“家”，每个家都有一位年轻的女学生在等他。他在一个地方住几天，住腻了就再换一个地方。我和他谈起婚姻的重要性。他说：“你不用给我讲，我的婚姻很好。”我问他：“你刚才不是说你在包养好几个大学生吗？你怎么可能有好的婚姻呢？”

很多男人本来只是沉醉于女人脸上的一个酒窝，最后却错误地娶了这个女人。

——史迪芬·李柯克

“这你都不懂？”他反问起我来，“我在外面有别的女人，回家时就觉得亏欠自己的老婆。所以我每次回家都要给老婆孩子买很多的礼物，而且回家什么都不叫老婆干，家务活儿我都包了。老婆孩子可爱我了，对谁都夸我是模范丈夫、好爸爸。”

请问，谁愿意要这样的“模范丈夫”？谁愿意有这样的“好爸爸”？所以，我写这本书的目的，不是教你如何找到一个讨你喜欢的配偶，而是告诉你如何了解对方的素质。只有品格才是幸福婚姻最重要的基础。

“恋爱中的人智商等于零。”这句话说得一点没错，

许多人都是这样的。他们只能看到对方迷人的地方，沉浸在美好的感受之中，并急于追求更加热烈的激情，很少考虑要理性地多了解对方负面的信息。为了取悦他人、掩饰真实的自己，人总可以对自己的某些行为做一些暂时性的改变，就像前文所讲的煤炭商人。那个商人可以用他的伪装骗过自己的家人一时，但绝不可能长久，最终一定是“聪明反被聪明误”。所以，谈恋爱千万不要只停留在卿卿我我的柔情蜜语中，而要注意从点滴小事上观察他的反应和行为举止，透过这些来看他的内心世界——他的素质。遇到危机是考验品格的绝好机会：在前途未卜的情况下，人们通常以自己平时最为熟悉的思维定式予以应答或做出选择；越是在压力面前，一个人的品格展露得就越明显。必须通过长时间的相处，才能清楚地了解对方的素质。找对象，不是只考虑他有多少钱，有什么本事，是否大学毕业，家里有几口人，他的爸爸妈妈是干什么的……这些都是次要的，最重要的是这个人的品格。

他（她）是宽容大度还是鼠肚鸡肠？是与人为善，还是抓住人家的错误不放？遇到别人得罪了他，他是宽容对方，还是怀恨在心？他是一个襟怀坦白、诚实守信的人，还是一个心口不一、反复无常的人？更重要的是：他是一个真诚善良的人，还是一个玩世不恭的人？跟他接触多了，这些自然就能看到。

如何观察对方？在此我为大家提供几点参考建议。

（1）今天他能为了你去欺骗别人，那么明天他也会为了别人而欺骗你。

一次我在超市买东西，看到蛋糕明码标价，顾客挑选好以后，售货员会撕下相应的价签贴在上面。一对热恋中的男女，那女孩指着一种蛋糕说："我最爱吃这种蛋糕，可是太贵了！"那个男子拿了最贵的蛋糕，趁着售货员一转身的工夫，快速撕下一个便宜的价签贴了上去。那女孩子看到男友的举动，微笑着投以佩服的目光。然后两个人一起去付账。售货员说："我早看见了，故意不理他，我到收费口去等他。"可能那女孩子觉得男友又聪明又勇敢，然而她错了。耶稣在《马太福音》说："凭着他们的果子，就可以认出他们来。荆棘上岂能摘葡萄呢？蒺藜里岂能摘无花果呢？"[12] 我们通过言行就可以看到一个人的内心。

很不幸的是，许多人准备考驾照的时间比他们准备婚姻的时间还要长。

——罗德

（2）今天他对待餐厅服务员和外地民工的态度，就有可能是明天他对待你的态度。

恋爱的时候，他会对你百般热情。在餐厅，他会为你开门，给你拉椅子，把最好吃的菜夹给你。女孩子说："哇，真是体贴的男人！"可是，对服务员，他横眉冷对；对外地民工，他更是呵斥鄙视。我们可以从一个人

如何对待这些最不起眼的人，看出他为人处世的真正态度。现在，你身上所具有的特质吸引着他，能够让他甘心情愿地对你百般呵护。然而，一旦你失去了对他的吸引力，你在他眼中就如同那些服务员和外地民工。耶稣说："我实在告诉你们：这些事你们既不作在我这弟兄中一个最小的身上，就是不作在我身上了。"[13]

（3）如果今天他对别人不能控制怒气，明天他对你同样不能控制怒气。

很多女孩子很傻，觉得自己的男友能打善斗是具有男人气。一旦自己受了别人的欺负，正好用来考验男友的忠诚："你要是真的爱我，就帮我教训他一顿，为我出这口气。"这些女孩应该知道：如果他今天能够为了你而"收拾"别人，那么，以后他同样可以为别人来"收拾"你。

素质决定命运，这一点我们一定要牢记。现在，家庭暴力屡屡发生，原因就在于此。你看到他对别人拳脚相加，对你却百般宠爱，比你父母对你都好，便觉得非嫁他不可。好了！结婚以后，你千万别同他发生口角，因为动辄打人已经成了他的习惯。他不能控制自己的怒气，暴怒之下，在家里同样会用暴力解决问题。

（4）如果今天他可以轻浮地挑逗你，明天他同样可以轻浮地挑逗别人。

认识不久，他就对你言语轻浮，而你以为这些“挑逗”的话是因为他对你一见倾心，听起来似乎还很有趣。其实，那往往是他玩世不恭的表现。以后，他也会用言语挑逗别的异性，因为他就善于言语的挑逗。

除了言语，还有眼睛。眼睛是心灵的窗户。《箴言》说：“你的眼目要向前正看，你的眼睛当向前直观。”[14]如果你看到对方跟你在一起的时候，眼睛总是东张西望，眼神总是飘忽不定，那你当慎重地多观察才好。《创世记》讲述了罗得的妻子的故事，她因贪恋所多玛和蛾摩拉的生活，忘记了上帝不可回头的嘱咐，而变成了盐柱，未能逃脱灭亡的厄运。因为，眼目所瞩很大程度上说明人的心意所向。

（5）如果今天他对你不能很好地克制自己的性欲望，明天他对别的异性也会这样。

爱始于微笑，随着热吻升级，最后在眼泪中收场。

——佚名

想得到你的时候，什么都可以为你做——这是一种欲望，不是爱情。很多人不懂什么叫爱情。很多男孩子会对女孩子说：“我爱你，我一定要得到你的身体！”“你太美了！我一看到你就抑制不住自己的激情！”“你要不答应，我就跳楼了！”“不能得到你，我就不能活。”但是你要知道，今天他对你不能控制冲动，明天遇到比你更美、更有魅力的，他就更不能控制了。热恋中的女孩子很容易轻信男人的“赌咒发誓”。所以，奉劝热恋

中的女孩子千万别相信这样的“爱的表白”。

我多年前就看到过一则笑话说：一个小伙子对着一个美丽的姑娘赌咒发誓自己忠贞不渝的爱情，那姑娘说：“你还没见过我妹妹呢，她比我更美丽！”“是吗？”那年轻人连忙说，“那我去看看。”

（6）你用什么吸引人，吸引来的就是什么人。

你用财产所吸引来的就是爱慕钱财的人。

你用性感所吸引来的就是贪恋情欲的人。

你以权势所吸引来的就是倚仗权势的人。

我想告诫年轻人不要以这些来做为找对象的资本和诱饵。因为这样你得到的不会是真正的爱情，而是各取所需的交换。另一方面也是提醒你们：不要被对方的爱情攻势所迷惑，要对追求者的真正动机明察秋毫。在婚姻这样的终身大事上，因“盛情难却”而导致低级失误的案例可是数不胜数啊。

我劝告年轻读者：即便你的背景非常的优越，择偶时也不要将自己的这些信息轻易透露给对方，否则你就失去了明辨对方真正意图的能力。但可惜的是，现代的觅偶态势大多是先将自己所拥有的条件和优势尽情展露，以为这样就可以增加自己得到青睐的砝码。殊不知“老鼠爱大米”，你把大米都撒出去了，老鼠不来才怪呢。

真正的个人魅力应该来自于你的品格，因为以你的品格所吸引来的人必是欣赏你的品格的人。

在一次婚姻座谈会上，有一对夫妇在形象上反差很大：丈夫其貌不扬、不言不语，显得十分憨厚。妻子靓丽活泼，言谈举止都十分出众。当大家分组讨论，每对夫妻都自我介绍恋爱过程时，妻子说：其实当时追求我的男人很多，个个都比他有成就，比他帅。可是我看不惯他们的油滑和张狂。我就是相中我老公人好，以后肯定会疼我，我把终身托付给他很放心。

所以，搞对象，一定要睁大眼睛。

一个勇敢而率真的灵魂，能用自己的眼睛观照，用自己的心去爱，用自己的理智去判断；不做影子，而做人。

——罗曼·罗兰

三、智慧之言

现在，我们来看看《圣经》是怎么教导我们的吧。

（1）心里美比外表美更加重要。

《彼得前书》说："你们不要以外面的辫头发、戴金饰、穿美衣为妆饰，只要里面存着长久温柔、安静的心为妆饰，这在神面前是极宝贵的。"[15]

现在越来越多的年轻人爱慕虚荣，追求外表的华丽和美貌，选美比赛一个接着一个就是最好的佐证；美女帅哥成为人们竞相追逐的偶像。某地方电视台报道：2008 年暑假期间在做美容手术的人中，大学生竟然占

据半数以上。记者采访这些原本就不难看的青春少女，问她们为什么要整容。她们的回答竟然都是一样：为了将来有更多的机会就业和升迁。一位做人事工作的朋友告诉我，现在女毕业生应聘时在简历中附上写真集的越来越多。更令人惊叹的是：在整容的行列中，男士的比例也在不断增加。过去的年代是女人“不爱红妆爱武装”，现在的男人却是“不爱武装爱红妆”，这种现象反映了目前社会看重表面缺乏内涵的浮躁风气。

《箴言》说：“妇女美貌而无见识，如同金环带在猪鼻上。”[16]一个人如果没有内在的东西，外表越美，与其贫乏的内在所形成的反差就会越大。就好像看到一个贵重的金环戴在一头猪的鼻子上，给人极不和谐的感觉。你一定会摇头苦笑着说：“哎，把这么好的东西都糟蹋了！太可惜！”

（2）心灵的健康比身体的健康更加重要。

《提摩太前书》说：“操练身体，益处还少；唯独敬虔，凡事都有益处，因有今生和来生的应许。”[17]

锻炼，的确对身体健康有帮助，但是这样的帮助很有限。因为如果你的心不安分、不圣洁，总是忧心忡忡或者狭隘诡诈，那么不论你怎么操练，怎么补充营养，也难有健康的人生。我在公园慢跑的时候就经常看到这样的情景：两三个中老年人一边锻炼一边痛心疾首地大唯有心灵能使人高贵。所有那些自命高贵而没有高贵的心灵的人，都如同污泥。

——罗曼·罗兰

骂着什么人“不是东西”或者唉声叹气地抱怨什么事“太不公平”。现代医学证明，高血压、冠心病、癌症、糖尿病等目前人类健康最大的杀手，无一不同情绪的紧张和思想的焦虑有着密切的关系。所以，怀有一颗敬虔的心，过圣洁的生活，努力寻求上帝的智慧，这样的人不仅在现实生活的各个方面都蒙上帝的祝福，而且更重要的还有永生。（3）爱心比知识更加重要。

《哥林多前书》说：“但知识是叫人自高自大，唯有爱心能造就人。”[18]

在当今社会，不幸的是，人们都普遍过于看重知识的增长，因为知识会抬高自己在他人眼中的地位，会让人感到自己很有荣耀，很有价值。但是，如果一个人只有知识而缺乏爱心，他就会活在自我当中，成为一个自私的人，很难为社会做出贡献。前些年发生的名牌大学学生用硫酸泼熊的事件，充分证明了我们在注重培养学生知识能力的同时，更要注重爱心的培养。

而实际上内心的打造才是上帝最为看重的。

《箴言》说：“你要保守你心，胜过保守一切，因为一生的果效，是由心发出。”[19]

《撒母耳记上》记载：“耶和华却对撒母耳说：‘不要看他的外貌和他身材高大，我不拣选他，因为耶和华不像人看人，人是看外貌，耶和华是看内心。”[20]

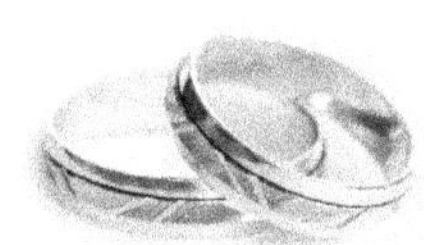

注重品格并不是否定美貌、知识、健康、能力的重要性，而是在强调品格比这些更重要。如果当你读到这里不以为然地叹息：哪里去找这么好的配偶？实际上你很可能想的是一个既“有什么”，又可以“做什么”，再加上“是什么”的完美的人，所以你会感叹“没有这样的人”。我的目的是想让你认同：选择配偶时，首先要考虑他“是什么”。当然，人无完人，在认可对方主要的品格之后，我们就必须要学习“接纳”这一门功课。

第四章　认识彼此，全然接纳

在恩典中成长的人会谨记自己不过是尘土，因此也会把弟兄看作尘土，不会对他们有过分的期望；他会饶恕弟兄一万个过犯，因为他知道上帝已经饶恕了他两万个过犯；他不指望受造之物能够归于完美，所以他也不会因为没有遇到完美的人而失望。

——司布真

在此之前我一直在嘱咐你择偶的时候要“睁大眼睛”（当然是看品格）。然而，到了谈婚论嫁的阶段我就要劝你“闭上一只眼睛”了——这就是说要开始学习“接纳”的功课。

爱不仅仅是对一个人优点的欣赏，更重要的是要接纳他的缺点、不足和失败。否则，你爱的就不是这个人，而只是他的某一部分，这样实际上是将你爱的对象割裂开了。恋爱的时候，在对方某些特质的吸引下，俩人都感觉魂不守舍、如醉如痴，因此形影不离。然而，要长期持守一个幸福美满的婚姻，营造一个和谐稳固的家庭，仅靠这些美好的感受是远远不够的，因为爱里最重要的是彼此无条件地完全接纳。

我们不是在找到一个完美的人之后，而是在学会用一种完美的眼光去审视一个不完美的人的时候，才明白了爱的真谛。

——佚名

一、什么是接纳

当一个人正青云直上的时候，别人去接近他，那叫做巴结，叫做趋炎附势。当一个人失意败落时，别人保护他、安慰他，不让他摔得太重，这叫接纳。哪一个是真正的爱？当然是接纳。当我们接纳一个人时，要接纳他的全部，就是优点和缺点一起接纳。

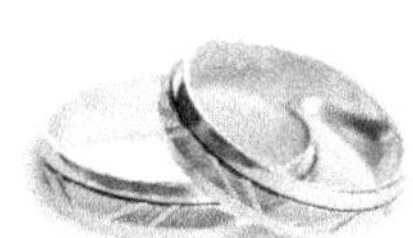

1. 幸福的黄丝带

1971 年 10 月 14 日，《纽约邮报》刊登了一个故事：长途车上坐着一位刚从监狱出来的男子。获释前他写信给妻子：如果她愿意让他回去，请在门口的老橡树上系一根黄丝带；否则，他永远不会去打扰她……汽车快到他的家了，他忐忑不安地张望……他看见那棵老橡树了，不是挂着一条黄丝带，而是挂满了黄丝带，像欢迎的旗帜迎风飘扬……

这个故事刊出不久，有人创作了《老橡树上的黄丝带》（Tie A Yellow Ribbon Round The Old Oak Tree）这首歌曲。伴着歌声，这个故事传遍了全世界。我是后来读了根据这个故事改编的短篇小说。

故事的情节十分让我感动。这里我要用这个故事来向你诠释什么叫作接纳。故事的主人公就要刑满释放了，出狱以前给妻子写信说："如果你让我回家，就在咱们家门口的老橡树上系一条黄丝带。看见黄丝带，我就下车回家；没有看到黄丝带，我就不下车，从此我将远走他乡，不再回来了。"

回家的路上，他把自己在信中和妻子的约定讲给同车的人。他对身边的年轻人说："快到家门口的时候，你们要帮我看看那棵老橡树上有没有黄手帕，因为我实在没有勇气看。"

车子快要到他的家了，全车人一起举目张望。而他却紧张得闭上眼睛，低下了头……突然，他身边的一位年青人兴奋地喊了出来："你们快看呀！"全车的人不约而同地欢呼起来……

他抬头一看：哇！自己家门前那棵老橡树上系满了迎风飘舞的黄丝带。

我们知道，他和妻子约定系一条黄丝带——只要系一条黄丝带，他就可以回家。我们想想，如果他的妻子真的按约定只系一条黄丝带，那他回不回家？当然回，因为这是在约定之中的。但是，他是怎么回家的？我想他一定是带着忐忑不安的心走回家的，因为他不知道回家后妻子的态度如何。她可能沉着脸，也可能气哼哼的。能让他回家就说明对他已经不错了，他还指望要什么好脸色？

婚姻，不是去找一个合适的人，而是去做一个合适的人。
——佚名

然而，当看到妻子系了满树的黄丝带时，这个人会怎么回家？他会一下子跳下车，冲着同路人大喊："再见，谢谢你们！"然后抓起行李，三步并作两步地跑回家。因为他知道，回家推开门，等待他的一定是欣喜的笑脸和热烈的拥抱，是烧好的洗澡水和干净的内衣，是一顿香喷喷的热气腾腾的饭菜……

小说作者没有对此进行描写，只留给读者去回味。但我们能做出这样的判断，是根据什么？对，是那系满了整棵老橡树的黄丝带。

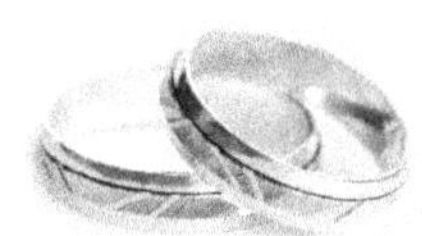

2. 一条黄丝带与满树黄丝带的区别

但我们若盼望那所不见的，就必忍耐等候。

——《罗马书》

下面让我们来看看一条黄丝带与满树黄丝带的区别吧。

圣经说：“爱是恒久忍耐，又有恩慈。”

一条黄丝带所代表的就是“忍耐”，意味着“他可以回家”。满树的黄丝带代表的是“恩慈”，因为树上的每一条黄丝带都告诉这个刑满释放犯一个爱的信息：我不再计较你以前所犯的错。我允许你回到久别的家人身边。我很想念你。我们全家都在热切地期盼着你的归来……

要知道：这个罪犯的所作所为曾经大大地伤害过妻子和家人，他本不配得到这样的待遇。一千个不配、一万个不配。虽然你不配得到这些，但是我依然决定给予你，这就是“恩慈”。

这几年做婚姻辅导的时候，我劝告婚姻陷入困境的丈夫或妻子要忍耐对方，他们却说：“我已经够忍耐的了！”“我忍耐好几年了！”是的，当前很多人在婚姻中根本没有忍耐——过不到一起就散。夫妇在婚姻中能够做到忍耐真的已经很不错了，忍耐的确是“爱”的具体表现。但是，这样的爱还不够“完全”。

《约翰一书》说：“爱里没有惧怕；爱既完全，就把惧怕除去，因为惧怕里含着刑罚。惧怕的人在爱里未得完全。”[21]

虽然丈夫知道自己可以回家了，但他心里是忐忑不安的，他害怕看到家人冰冷的面孔。他有很多的需要渴望得到满足：他在监狱呆了很多年，没吃过一顿像样的饭，没有好好泡过一个热水澡；他好长时间没有见到自己的亲人了，盼着跟亲人有一个拥抱；他好长时间没接触自己的妻子，渴望生理需求得到满足……

如果只有一条黄丝带，他不知这一切能否如愿。但是，看到满树的黄丝带时，他那颗已经提到嗓子眼的心终于踏实下来——他知道自己是受欢迎的，因为家里人仍然在爱着他。那热烈的亲吻和拥抱、热腾腾的饭菜、干净的衣服、烧好的洗澡水……都代表着妻子对他的恩慈。

有一种力量叫做恩慈，就是当别人不配得到饶恕时仍要饶恕他；有一种力量叫做爱，在爱里的人宁愿牺牲自己，不愿别人受到伤害。

——佚名

一个刑满释放犯，全家因为他受到多少连累，他给妻子带来多么大的痛苦，给孩子带来多少的耻辱，他使家人的生活落入多么窘迫的地步！对于这样的人，很多

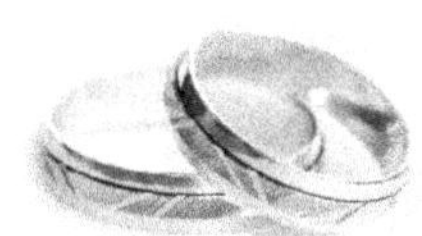

人会想：能够让他回这个家已经很不错了，他不配享有更多的好处。这只是忍耐，并不是恩慈。恩慈是：虽然他不配，但是还要给他。于是，我们看到下面这个公式：

恒久忍耐 + 恩慈 = 接纳

在婚恋中，接纳是非常重要的。人都是软弱的，所以我们需要忍耐、包容别人的缺点、不足和失败。真正爱你的人，不是喜欢你的人，而是接纳你的人，是满足你内在需要的人。常言道："逆境知密友，患难见真情。"说的就是"要将完全的爱给不完全的人"。

懂得了接纳，就会懂得这样一个很重要的道理：不要试图改变对方。恋爱中的人往往更多地看到的是对方的优点；至于对方的缺点，我们总有一种盼望，以为结婚后，我的爱能够改变对方。年青人，你千万不要有这样的幻想——不行的，你改变不了的。

他人的改变，主动权不在你的手中，你不能控制。即便你在婚前施展所有的魅力可以暂时地改变对方，但是婚后他又会恢复到以前的老样子。他以前的改变是为了得到你，那只是一种手段。目的达到了，他的手段就没有必要继续使用了。

你只能改变你自己。当你在恋爱中发现对方的某些弱点或你不满意的地方时，你就要问自己：我能否改变自己以适应对方？如果回答是肯定的，那么可以考虑你们的关系继续向前发展；如果回答是否定的，那么你就要准备返航了。

有一对年轻夫妇，他们曾经是大学同学。丈夫从小在南方农村长大，妻子则是个北京姑娘。姑娘喜欢小伙子的才干，小伙子喜欢姑娘的美貌和生长在大城市养成的风范。谈恋爱时，姑娘发现小伙子吃饭的声音很大，只是怕影响两个人之间的关系才没说出来。结婚后，妻子发现丈夫不仅吃饭声音大，使用卫生间时总是蹲在马桶上。为了将丈夫的“土气”洋化过来，她开始冷嘲热讽。但她没想到，每次的挖苦过后，她不但没有改变丈夫，反而招来丈夫的抵触，他故意我行我素。这使得妻子怒火万丈，两人从热战到了冷战，最后不欢而散。

接纳并不意味着你同意别人所说的内容，而是你明白对方所说的、所感受的，并用实际行动去关怀他所说的和他想说的。

——诺曼·莱特

我们每个人都是众多优点和缺点的混合体，正是优缺点不同的组成才构成我们每一个人都是独特的“我”。而不接纳的态度实际上是在告诉对方：你爱的只是他的优点，而拒绝他的缺点，那么你所爱的并不是全部的他。这样，对方很自然会想到，既然如此，那么，任何有这些相同优点或者更加多的优点的人完全可以取代他在你心目中的地位。想到这些，他就会失去安全感甚至对你产生反感。

只有当你们彼此喜欢对方的优点，同时又能接纳对

方的缺点和不足的时候，才是真正相爱，才不会总想着要改造对方。实际上，你接纳对方的程度有多深，你对他的爱就有多深。

恋爱初期，彼此都会尽可能将自己好的一面展示给对方，但是将要步入谈婚论嫁的阶段时，你就要主动地让他了解你的家人、你的处境和你的弱点。如果你有些事情不敢跟他讲，唯恐一讲婚事就吹了，这就是惧怕。有惧怕，就说明你在担心不被接纳，说明你们之间的爱还不够完全。

有一对青年夫妇刚结婚不久就找我来做婚姻辅导，为什么？因为谈恋爱时，小伙子花钱很大方，姑娘还以为他的工作不错。可实际上，小伙子的工作是临时的。但是，他不敢说实话，生怕姑娘知道实情会离他而去。但这些事怎么可能长久隐瞒下去呢？结婚后真相大白。当妻子意识到丈夫要靠打短工养家时，如同晴天霹雳，感到自己被欺骗了。虽然不至于闹到离婚的地步，但什么时候想起来都会觉得委屈。从此一遇到什么矛盾，她就拿这话来说事。可是，他会因为理亏而迁就吗？不会！他想的是：我这还不都是为了你？因为我爱你，所以才撒了这么大的谎。付出这么大的代价，我还委屈呢。大家看看，争吵还少得了吗？

二、爱需要付出和舍己

有人说："人们愉快和被关爱的感觉来自于需求的满足。"我们分析一下下面这个图，看一看婚恋中彼此都有哪些需要。

图中间的部分表示双方可以自然相互满足的需求。也就是说，因为双方都拥有某些特质（如才华、美貌、地位、钱财等），不需要对方付出太大的努力就可以满足的需求。随着这些需求的满足，爱慕之情便由此产生。然而，还有两个更重要的方面容易被恋爱中的青年男女忽略，那就是"我要被满足的需求"和"对方要被满足的需求"。这些需求彼此不能够自然满足，必须通过努力才能彼此满足。

爱情，这是一种不断的、绝对的、完全的牺牲，但是，它不是结合双方中一方的牺牲，而是心甘情愿合为一体的两个心灵所表现的赤诚的无私。

——大仲马

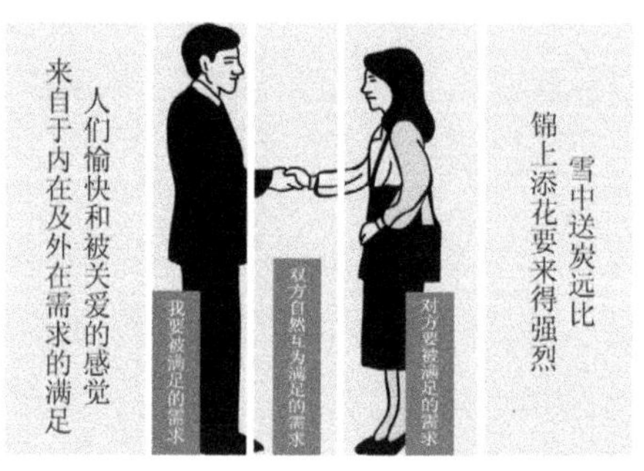

图三　恋爱中的需要

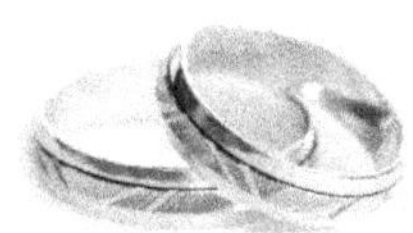

结婚前，青年男女没有什么生活压力，再加上彼此的欣赏和取悦，即便发现对方的缺点和不足，也会认为不是什么大事。于是，这些“需要努力才能满足的需求”就被淹没在幸福甜蜜之中了。等到结婚后，才吃惊地发现：原来他的工作能力这么有限！原来她那么娇气！原来他有这么多穷毛病！原来她什么家务活儿也不会干！此时，那些“已被满足的需求”的迫切程度已经开始降低，现实生活的压力开始将“未满足的需求”逐渐显露出来。“噢，原来我有那么多的需求他不能满足或者他根本就不愿意满足。”需求得不到满足，人就会觉得自己没有得到关爱，因而产生不满情绪，甚至发展成为愤怒。人生来就是自私的，这是人的罪性。所以，婚姻中双方往往都只看到“自己没有被对方满足的需求”，而没有看到“自己没有满足对方的需求”。既然他满足不了我的需求，那么对不起，我也不去满足他的需求。如此这般，婚姻关系就遭到了破坏。

曾有前来咨询的人问我：“为什么他不先主动满足我的需要？凭什么我先去满足他？”懂得了接纳的真正意义以后，即便对方没能满足我们的需求，我们也能够忍耐，而且还会甘心去满足对方的需求。这样，对方在感受到被关爱后，就会产生愉悦的心情；心情的转变自然就会产生积极的回应，双方的关系便得到改善。所以，我们应该主动去满足对方的需求。

我 16 岁“上山下乡”到了黑龙江，那时候讲卫生被认为是资产阶级思想，会受到批判的，所以人们的观念是越脏越革命。干净的军大衣一定要弄得脏兮兮的才显得很革命。六年多这样的生活把我这个外科大夫的儿子变成了生活上不拘小节的人。随后就是大学四年的男生集体宿舍生活。我们的宿舍又脏又乱，打球时穿的衣服被汗浸透了，脱下来往床下一扔，第二天打球时又穿上了。宿舍一进去，都是臭袜子臭球鞋的味道。恋爱约会的时候，我当然是衣冠楚楚，可结婚之后，我就很快恢复了老习惯，一进家门就衣服袜子到处乱扔。我一点不觉得乱，心想：这比起我在大学宿舍的时候好多了！可是，老婆一边给我捡一边喋喋不休地叨咕，说我自私，有时还掉眼泪。

爱情像海一样的深沉。付出得越多，自己就越丰富。

——莎士比亚

她一唠叨我就火冒三丈：这么一点小事，叨咕个没完没了，还至于掉眼泪？我一个大男人，一点自由都没有，进了自己的家还不能随便一点儿？哪里来的那么多规矩？还让不让人活了？你爱我吗？要是真爱我，你就不会总是挑剔我。

我有我的道理，老婆有老婆的想法。她希望家里处处都干干净净、整整齐齐的。她认为：“每个女人都希望自己的家干净整齐。你不尊重我的感受，不珍惜我的

劳动，就是不爱我。对不起，我也不尊重你的需要。”于是，她也开始处处和我为难。

那时候，我们俩总为这样一些小事争吵。为了证明问题的关键在于她而不是我，我会像猎犬一样搜寻她的过失。每抓到一件她没有做好的事情，我会马上攻击她：“你还说别人？不自己看看自己，该做的事都没做！”就这样，牵扯进来的事情越来越多，彼此的讽刺挖苦越来越尖锐，感情的伤害也越来越严重。

其实，这样的事情在很多家庭中都发生过。尤其是那些同居着的男女，一旦过了兴奋期，感觉厌倦了，二人世界的争斗更是不可避免的。虽然争斗的内容不同（有的因为金钱财产、有的因为亲朋好友、有的因为卫生习惯、有的因为家务劳动、有的因为处世态度），但都是因为各自的需求没有得到对方的满足。为了满足自己的需要才去爱，这样的“爱”是自私和索取的爱。

《马太福音》说：“所以，无论何事，你们愿意人怎样待你们，你们也要怎样待人，因为这就是律法和先知的道理。”[22]这句话告诉我们：想让自己的需求得到满足，就要主动去满足他人的需求；当他人的需求得到满足之后，自己的需求才能够得到真正的满足。所以，夫妻二人绝对没有一赢一输的结果，只有双赢或双输。经验告诉我：一定要尽力满足妻子的需求——她愉快了，我也就愉快了；如果我不让她愉快，到头来最不愉快的还是我自己。

三、全然的接纳

谁没有过坏心情、坏脾气、消极的精神和批评的态度？似乎这些事不应当存在于基督徒的婚姻中，但它们却存在。在婚姻的生活中，没有一对夫妇从不抱怨。然而我们还是可以看到享受爱与和谐的夫妻，他们的秘诀就是原谅。

——提摩太·拉海

大凡有过恋爱的经历和结了婚的人都会感到爱情是那么深奥莫测，有时她会将你推向幸福的顶峰，有时她又将你抛至痛苦的谷底。其实总是，因为爱情不仅仅是花前月下的卿卿我我，也不仅是一种令人如醉如痴的美好感受。

爱情是由灵、魂、体三个方面的因素构成的（参看下列图表）。三角形是最稳定的图形。

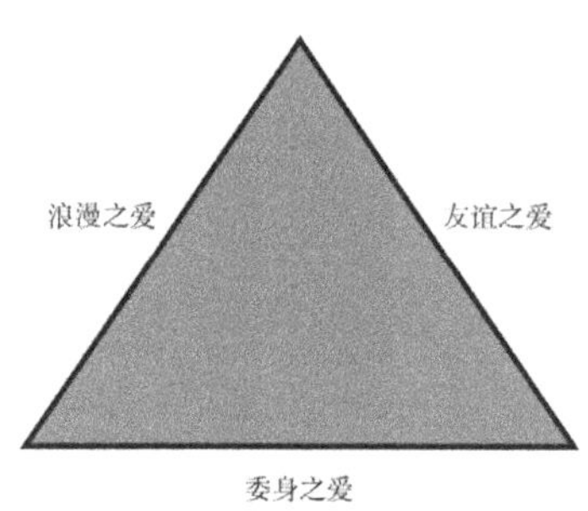

图四 三种爱

1. 浪漫之爱（Eros）

浪漫之爱亦称欲望之爱，是热情之爱、激情之爱。这爱来的时候异常强烈，难以遏制、如醉如痴、心旷神怡，用一句广告词形容就是“感觉好极了”！由于这爱能给人带来人世间最为奇妙的感受，因此人们对其产生欲望甚至贪婪，想更多、更频繁地得到。

问世间情为何物，
直教人生死相许？
——元好问

这爱又是可怕的，因为它有可能耗尽你的精力；或者，一旦遇到挫折，很容易陷入一种痛不欲生的境地。这爱一般是基于肉体感官对客体的感觉，是在对方所具有的特点的激惹下产生的一种反应，甚至可以说是一种迷恋、一种欲望。既然是欲望，总会迫切地渴望得到满足，希望客体来满足主体的需要，因而在占有和索取的推动下常常带有进攻性和征服性。为了达到目的，心怀欲望的人会信誓旦旦，轻易地许下极其美丽动听的诺言。热恋中的人啊，要对此保持警惕！要知道，一条边无法构成三角形。年青人，千万不要奢望“单边”的诺言能够兑现。现今社会离婚率如此居高不下的主要原因就在于人们追求浪漫之爱。

浪漫之爱的特点就是，看上去是主动去爱，是我在追求你，而实际上是被动的，是被客体所吸引而不能自已才去爱。所以，我对你能不能产生爱的感觉其实不在我，而在于你——在于你所具有的魅力是否能激起我的反应。这其实完全是出于感觉的，而不是出于意志的。因此，我们不能称之为“爱”，只能将其称为“情”。情一旦被激发起来，是难以遏制的，所以中国有句成语叫“情不自禁”。不能“自禁”的一定是情而不是爱。那么，单单基于这种关系的两个人也只能互称为“情人”，不是“爱人”。因为“爱”是“永不止息”的，只有基于“不止息的爱”的双方才是真正的“爱人”。

轻率地玩弄爱情正如玩火一样，随时有自焚的危险；如果说恋爱是甜美的酒浆，但随便乱喝，也会变成烈性的毒汁。

——丁玲

尽管如此，这种激情是上帝赐给婚姻中的二人最美妙的礼物，是二人情感的晴雨表，也是婚姻之爱中非常重要的组成部分。然而，浪漫之爱只有建立在婚姻之爱其他组成部分的基础之上，才能充分而完美地迸发出来并得到全然的满足。否则，就是自私欲望的满足或情欲的发泄。

婚姻需要与生活相伴的欲望之爱。没有身体的亲密、浪漫的性爱和爱恋的激情，婚姻生活就会过于平淡、缺乏幸福感。《雅歌》说：“我妹子，我新妇，你夺了我的心！你用眼一看，用你项上的一条金链，夺了我的心。我妹子，我新妇，你的爱情何其美！你的爱情比酒更美，你膏油的香气胜过一切香品。”[23] 也就是说：当二人难舍难分地相互依恋时，就会爱屋及乌——对方身上的饰物、膏油的香气都会成为无比美好的爱情享受。同样的

金链，戴在其他女人的项上你觉得无所谓，但是戴在恋人的项上就那么令你失魂落魄；同样的膏油，擦在其他女人的身上你没有感觉，但是擦在恋人的身上，就觉得香气袭人，心旷神怡。男女浪漫之爱的感觉就是如此美妙，但这却不是爱情的全部。

2. 友谊之爱（Phileo）

友谊之爱是产生于理性的一种温情、一种柔情。男女二人初次见面，彼此都“不来电”，但是长时间相处之后，日久便产生了爱慕之心。

- 他不是很帅气，但很有头脑，能给我以安全感；虽然她不是很漂亮，但很温柔、很有气质、很乖巧，让我好生怜惜。
- 她喜欢他的才干，他喜欢她的容貌。
- 他非常沉稳，而她十分活泼，两人形成性格的互补。
- 他俩有着共同的爱好和兴趣，在一起有聊不完的话题。

这样的爱是一种相依相伴的伴侣关系。由于彼此思想情感的沟通较多，使得他们相互间的了解要比浪漫之爱有一定的深度，彼此的信任度以及安全感也会提高，由此产生的爱恋之情有较为坚实的基础。虽然这种爱的感觉不及浪漫之爱那么热烈、那么富有激情，但更有弹性，更能感受到温暖。因此，这种爱持续的时间相应的要长久许多。

友谊之爱的特点是：我会很珍惜你、很怜爱你，但我也需要得到你的回报。彼此间虽然会有一些甚至很多互不满意的地方，各自都存有一些遗憾，但是他们面对冲突都会比较理智、务实，因为知道关系的破裂对双方都没有好处。所以，尽管会有矛盾，但他们会用理智战胜情绪，止息利益争端，进而用沟通或者迁就的方式来解决冲突。

婚姻需要如影随形的友谊之爱。没有言语的沟通、时间的共享、相互的取悦和情感的交流，婚姻生活将过于肤浅，缺乏思想深度。《雅歌》说："他的口极其甘甜，他全然可爱。耶路撒冷的众女子啊，这是我的良人，这是我的朋友。"[24] 二人朝夕相伴，沟通中的语言美妙甘甜，彼此为拥有对方而感到无比自豪。

3. 委身之爱（Agape）

如果说"浪漫之爱"的感觉极棒、"友谊之爱"的感觉甜美，那么"委身之爱"（即"交托之爱"）常常

是找不到感觉的。要知道，人的感觉常常是不可靠的。委身之爱不是靠感觉来导航，而是依靠“信念”——相信圣经的话语，对上帝存有美好的盼望。一位哲人说：“盼望好像天上的星星，虽然你摸不到它，但是凭借着它的带领，却可以将你引到光明的彼岸。”

婚姻需要相互委身的交托之爱。没有彼此的忠诚、无条件的接纳、永不推托的责任感，婚姻生活将因失去安全感而易受伤害。《雅歌》说：“求你将我放在你心上如印记，带在你臂上如戳记；因为爱情如死之坚强，嫉恨如阴间之残忍。所发的电光，是火焰的电光，是耶和华的烈焰。”[25]

在委身之爱中，夫妻二人心心相印、彼此信任、忠贞不渝，他们将彼此的爱情看得比生命都重要，就像婚礼誓词所表达的：不论疾病还是健康，不论贫穷还是富有，都不能拆散二人的合一关系。这是上帝期盼我们能够享受到的婚姻关系。正因为如此，上帝为亚当这个男人造了一个女人（夏娃），没有造第二个。上帝的意思非常明确：人完全可以从一夫一妻的婚姻关系中得到灵魂体三个方面的满足，而且也只有这样的爱能让人得到最大的满足。

下面我们用表格的方式将三种爱做一下比较：

表二 爱的三种形式

浪漫之爱（Eros）	友谊之爱（Phileo）	委身之爱（Agape）
肉体（感官）	头脑（思维）	心灵（感悟）
感性的（情）	理性的（谊）	灵性的（爱）
满足自己的需要	满足双方的需要	满足对方的需要
美貌、外型、性感	气质、内涵、思想	品格、悟性、信念
占有对方	双方互利	自我牺牲
索取	交换	给予
浪漫	投缘	奉献
有条件的爱	有弹性的爱	无条件的爱
短时间的	相对较长时间	一生之久

4. 三种爱在婚姻中的分量

婚姻之爱的三个方面都非常重要，缺一不可，但它们在婚姻中的分量有所不同。如图所示，人们从恋爱到结婚常常是自上而下，然后再自下而上的（这里不是实际的比例，而是大致情况的说明）。

自上而下。一般来说，男女恋爱常常是由身体上的相互吸引开始。但是，严格的道德规范使他们不能有身体的亲密接触，所以他们的爱开始逐渐进入魂的层面，两人开始有很多言语沟通、思想交流，这加深了彼此间的认识和了解。最后，他们要决定是否彼此托付终身（委

身之爱），进入婚姻。

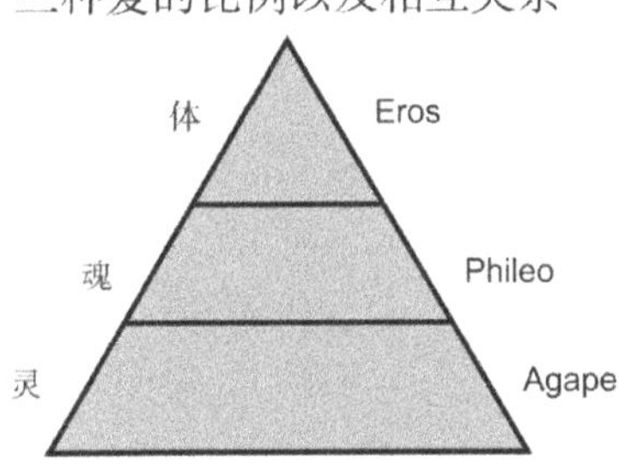

图五 三种爱的比例以及相互关系

自下而上。人们必须要了解进入婚姻对自己意味着什么。有人说："意味着美好的爱情！"不错，但浪漫的爱情建立在委身和友谊的基础之上才是互利的，否则就成了"互相利用"。社会道德规范要求（实际上是上帝的旨意）：进入婚姻的夫妻要无条件地彼此接纳，相互忠诚。只有这样，婚姻生活中的困难、矛盾、冲突和诱惑，夫妻双方才能共同去理性地应对。俗话说："人生不如意事十之八九。"这就告诉我们：美好的激情、甜美的感受都只是现实婚姻生活中的一小部分，而更多的是共同面对生活的挑战。有了这样的信念，才能确保婚姻关系的和谐、家庭结构的稳固。上帝要我们在和谐、稳固的关系中享受他赐给我们美好的性爱，这样的婚姻是圣洁的、健康的、长久的、安全的、蒙福的。

但是，现在许多年轻人只想得到浪漫的性爱，却不愿彼此委身。这就像一个孩子只想吃桃子最好吃的部分，每个桃子只咬掉尖部就扔掉了，即使如此，到后来你也会发现自己什么好滋味也吃不出来了。

第五章

珍爱自己，尊重对方

我以永远的爱爱你，因此我以慈爱吸引你。

——《耶利米书》

目前社会上越来越多的年轻人不考虑明天，不考虑他人，只想着及时行乐，所以“性”成了他们娱乐的一种手段，就像玩游艺机、坐过山车、享受一顿精美的大餐一样。他们根本不在意“性的忠诚与圣洁”。这种玩世不恭的态度势必对他们以后的家庭，甚至对整个社会和谐与稳定造成极大的破坏。

《雅歌》说：“求你将我放在你心上如印记，带在你臂上如戳记。因为爱情如死之坚强。嫉恨如阴间之残忍。所发的电光，是火焰的电光，是耶和华的烈焰。”

从这里我们可以醒悟到：男女之间的爱情关系会在彼此的心灵和身体上都留下不可磨灭的印记。人们常将性爱比作“火焰”，因为她的炙热、猛烈和难以遏制。即便是一个贪生怕死的人，一旦内心被爱情的火焰所燃烧也会视死如归。但是性爱与婚姻就如同火焰与火炉的关系：当火焰燃烧在火炉中的时候，她美好、安全、温暖、长久，并给人带来诸多益处。但若将她从火炉中引出来的时候，她就随时会变成危险的、难以驾驭的、灾难性的，甚至是要毁坏生命的。那就成了耶和华“惩罚”的烈焰。所以我们一定要将性爱的“火焰”，保持在婚姻的“火炉”中。因为身体的圣洁是献给配偶的最珍贵

性行为本身需要的时间最少，但是引起的麻烦却最多。

——马克·吐温

的爱情礼物。性爱方面的不圣洁就如同玩火。俗话说："玩火者必自焚"。

性爱也是上帝赐给婚姻中的男女最美好的礼物和恩典，上帝让丈夫和妻子在婚姻关系中"一同承受生命之恩"（见《彼得前书》3 章 7 节）。而这"生命之恩"与世界上所有其他的恩典都是不同的。其他任何的恩典都可以与别人分享，就连你最亲近的父母儿女血缘之情都可以与他人分享，古人云：老吾老以及人之老，幼吾幼以及人之幼。就是说：你对待别人的老人要像对待自己的老人那样，对待别人的孩子要像对待自己孩子一样。而且那是令人钦佩的好行为，是值得推崇的。但是你可以"妻吾妻以及人之妻"吗？对待别人的老婆像对待自己的老婆一样？绝对不行，那样会出人命的。圣经描述男女爱情对第三者的"嫉恨如阴间之残忍"。世界上唯独夫妇关系是绝对排他的，是不可与他人分享的。正像《箴言》所说："你要喝自己池中的水，饮自己井里的活水。你的泉源岂可涨溢在外？你的河水岂可流在街上？惟独归你一人，不可与外人同用。"[26]

保罗在《哥林多前书》也告诫我们说："但要免淫乱的事，男子当各有自己的妻子，女子也当各有自己的丈夫。"[27]

所以，恋爱中的男女要想未来能有和谐美好的婚姻生活，就一定要在性方面持守圣洁，学习珍爱自己并尊重对方。

一、男人的圣洁

在我身体里有一只雄鹰，渴望展翅高飞；在我的身体里又有一只河马，希望在泥潭中打滚。
——卡尔·桑德伯格

《雅歌》说：“所罗门在巴力哈们有一葡萄园，他将这葡萄园交给看守的人，为其中的果子，必交一千舍客勒银子。”[28] 这里的“葡萄园”暗喻爱情的圣洁。男人要在两性关系上保持圣洁。《圣经》说：“苟合行淫的人，神必审判。”

为了保守自己的圣洁，男人们应该“将这葡萄园交给看守的人”。男人独自一人面对性的诱惑时，常常会软弱，容易跌倒。所以单身男性不要轻易独居，要尽可能与其他弟兄同住，不给自己单独面对试探的机会。耶稣在祷告中曾告诫我们：不叫我们遇见试探。你也可以找一个品格高尚的长辈做朋友，请他来监察你的生活是否圣洁。他可以经常与你见面或者打电话询问：“你最近有没有遇到试探？”“你恋爱时是否与女友身体过分亲近？”“你最近是否访问了色情网站？”

“这样太受约束了！”很多男人会抱怨。但是，基督徒应该清楚地知道：“有人攻胜孤身一人，若有二人

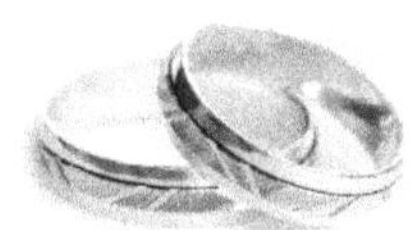

便能敌挡他。”[29]在淫乱之风日益猖獗的今天，对于一个愿意建造圣洁的婚姻关系的未婚男人来说，有几个与你一同抵挡诱惑的同伴变得越来越重要。男人们，“为了园中的果子”，你是值得为此付出代价的，所以你“必交一千舍客勒银子”。

很多男人都有性方面的贪婪，以为有多个女人做性伙伴是件美事，甚至称之为“性福”。其实，这是一种极其愚昧的做法。杭州《青年时报》2007 年 5 月 10 日在第 8 版有一篇文章，题目是：“滥情”让他不会爱了。这篇文章讲的是一个被人公认为“爱情高手”的外企主管，帅气、多金又体贴，身边女友换了一个又一个。他自己有的时候甚至一天换一个女友。这样的日子让他自我感觉很好。可忽然有一天，他发觉自己一点快乐不起来了。因为，当他静下心来，想找个好女人组建一个家庭的时候，意识到自己已经不会爱了。原因是，每当与一个女孩交往时，他都想这次要认真起来。而一旦发生了性关系，他的激情和冲动就马上烟消云散了，爱意也荡然无存。他曾试图不同女孩上床，想使他们的关系能够持久一些，却发现自己无法控制内心深处那强烈的占有欲。所以，他往往身不由己，知其不可为而为之。他为自己的情形痛苦不已，深知自己成了近似于动物的人——只有性，无心、无情、无义。

成熟的葡萄才甜美，爱情的果实也是如此。《雅歌》说："要给我们擒拿狐狸，就是毁坏葡萄园的小狐狸。因为我们的葡萄正在开花。"[30]没有成熟的葡萄又苦又涩，但是小狐狸专吃尚未成熟的葡萄，把葡萄园糟蹋得乱七八糟。在这里"葡萄园"象征着爱情，"小狐狸"则比喻破坏婚姻的邪恶力量。婚姻中的爱情是极其美好的，但是在现今的社会中，到处充满了性的诱惑。我们的家和办公室经常被塞进印有性感女孩图像的卡片："靓妹帅哥 24 小时全方位为您提供温馨服务，随叫随到，价格公道，包你满意。"这就是"小狐狸"，而且已经开始成群地进入到我们的葡萄园。我们要谨慎，不允许它来毁坏我们爱情。

二、女人的圣洁

1. 长者的保护

《雅歌》说："我家有一小妹，她的两乳尚未长成，人来提亲的日子，我们当为她怎样办理？"[31]

两乳尚未长成的小妹是指我们家中或身边情窦初开

的少女，到了该谈婚论嫁的年龄了。这时候，有人来提亲，她身边的男性长者应该做些什么？

男人的职责是“修理看守”，保护好身边的女性是男人不可推卸的责任。女性在社会上是弱者。如果女人不是弱者，为什么世界各国政府都制定《妇女与儿童保护法》，怎么不制定“男人保护法”？我们必须清楚地意识到：女人就像孩子一样，是最容易受到诱惑和侵犯，也最容易被侮辱、被伤害的。男人要用自己刚强的身体保护软弱的女人。男人怎样呵护一个孩童，就应当怎样呵护一个女人。

《雅歌》讲：“她若是墙，我们要在其上建造银塔；她若是门，我们要用香柏木板围护她。”

女孩子大致可以分为两种：一种是墙，一种是门。“墙”指的是坚固的防范体系。一堵坚实的墙立在人的面前，会把人挡在外面。这里是指在两性关系上很矜持自守的女孩子，她们有很强的自身防卫意识，能够拒绝男人的诱惑和非分之举，不会让男人轻易地得以亲近自己的身体，污秽自己的圣洁。“门”是指那些在两性关系方面没有防卫意识的女孩子。她们在花言巧语的诱惑下就会轻易地打开大门，让别人进入。目前，在许多错误观念的误导下，越来越多的女孩子产生了“门”的心态。她们认为追求自己的男人越多，自己就越有价值，在其他女孩子面前就越有脸面。

《圣经》告诉我们这些父兄们：如果她像“墙”一样矜持自守，我们要荣耀、赞美她，要支持、鼓励她，要大大弘扬她这种行为，让人们都来尊重这样的女孩子。父老弟兄这样做，就像是在她的墙上又建造了银塔一样。

若有人认同婚前性行为是合理的，那人必须为他母亲、他的姊妹甚至他自己的女儿可拥有婚前性行为的权利辩护。

——荷伯尔·迈尔

如果她像“门”一样开放、没有自卫意识，“我们要用香柏木板围护她”。大家请注意，不是用铁栅栏、铁丝网，也不是用地雷阵，而是用散发着香味的柏木做成漂亮、温馨的栅栏把她保护起来，不让那些别有用心的人进入。“香柏木板”就是“小妹”的父亲或兄长怀着爱心为她的安全所特别订立的一些保护措施。比如：

- 不能太晚回家；
- 不许在外面过夜；
- 不可以和男朋友有过于亲密的身体接触；
- 不要单独与男孩子到没有人的地方去。

“小妹”太幼稚，完全不知道世事的深浅。她的思维还不够成熟，对谎言和诱惑没有很好的识别能力，还不知道问题的严重性。所以，不管她们高兴不高兴，长者们不能任她们恣意妄为，一定要用香柏木板把她们围护起来，否则就等于害了她们。一旦受到伤害、一生的幸福被毁，到头来她们还是会怨恨自己的父兄没能保护好她们。

2. 学会自我保护

《雅歌》说："我是墙，我两乳像其上的楼。那时我在他眼中像得平安的人。" 书拉密女为自己圣洁的身体自豪地说："我是墙。"现在，还有多少青春少女能为自己是"墙"而感到自豪？

在很多大学校园里，女生们竟然以"你是个处女"为笑料，认为这就是说："你缺少女人的魅力，真是落后死了。"

有一次，我在网上看到一个女孩子写的文章，题目竟然是"我恨恶自己是个处女"。她说自己交第一个男友不久，男友就要和她有性关系。她说："我爸爸妈妈管得很严，不能做这样的事情。"那男子嘲讽地说："这年头还有这么不开化的乖乖女，简直就是个珍稀动物。咱们拜拜吧！"关系破裂后，女孩很失落、很孤独，后悔没有答应那男孩子。所以她暗暗下决心，下一次不干这样的"傻事"了。后来，她又交了一个男朋友，同上次一样，认识没几天男友就要她的身体。

她说："我现在还是一个处女，不过我可以给你。"

那个男子马上惊叫道："噢，那就算了。"

女孩说："为什么？"

"这会让我有负罪感。"于是，这个男朋友也离开了她。

就这样，她现在恨恶自己的处女之身，迫不及待地想把自己的童贞给出去。这是多么可怕的心态啊！

《雅歌》中的书拉密女说："我两乳像其上的楼。"女孩子的两乳是男人非常渴望触摸的地方，是她们最容易被侵犯的地方，也是最容易激起她们情欲的地方。然而，书拉密女不仅是墙，两乳更是墙上的城楼——连墙你都不能通过和翻越，你能触摸上面的城楼吗？书拉密女的自豪感告诉我们，女人的身体是非常高贵的，不是哪一个男人随便可以碰的。女孩子们，千万不要轻贱自己的身体，你的身体是高贵的，你纯真的爱情有无比的价值。

"那时我在他眼中像得平安的人"说的是圣洁的女孩子到出嫁那天见到新郎的时候，她的心里充满了平安和喜乐。新婚之夜是女孩子等待已久的，然而，如果她婚前已经失去了少女的纯真，情况完全不同：如果她嫁给那个与她发生性关系的男人，那么这个结婚仪式已经没有什么真正意义，只是在走个过场罢了；如果同她结婚的不是那个男人，那么她心里就会忐忑不安，婚礼给她的喜乐早已荡然无存。女人们，要珍惜自己啊！

我期望着有一天可以对自己的丈夫说："在认识你之前我就深爱着你。我一直为你保留着我自己。"

——拉柯塔·卡什

《雅歌》说："我自己的葡萄园在我面前。"女人，你要守好圣洁身体的防线。如果你不知道洁身自好，无

论父兄如何用“香柏木板”围护你，都无济于事。

我曾经看到一个报道：在一个住宿制的中学里，为了避免女生受到侵犯，学校每晚都要将女生宿舍的大门锁起来。但即使这样，还是有女孩子冒险用绳子从窗户上溜下来，去和男友约会。像这样心里没有围护墙的女孩子，怎么用香柏木板保护她也没有用。

当一个女孩子抵制性诱惑的压力，保守住自己身体的圣洁，进入婚姻的时候，她不仅可以将自己的圣洁作为珍贵的爱情礼物献给丈夫，还会对那些保护过她的父兄们充满感激。她感叹道：“所罗门哪，一千舍客勒归你，二百舍客勒归看守果子的人。”

三、失败者的盼望

将性圣洁保守留到新婚之夜，对于未婚的男女来说都很重要。但生活中，那些已经失去童贞的青年男女，一旦明白了这些道理，常常为自己当初的天真无知悔恨不已。然而，事情已经无法挽回，该怎么办？年青人，不要绝望，在基督里你永远是有盼望的。

我们应该晓得，上帝拯救我们的目的之一就是使我们脱离污秽，不断成为圣洁。你过去的生活可能很糟糕，但只要你认识到自己的错误，来到基督面前，忏悔自己过去的罪恶并与过去的生活彻底决裂，那么上帝看你依然是个全新的人。《哥林多后书》说："若有人在基督里，他就是新造的人，旧事已过，都变成新的了。"[32]在基督里，你是一个新人了。基督已经将你"分别为圣"了，同污秽的过去、污秽的思想、污秽的环境、污秽的人完全分开。

《约翰福音》里，耶稣对那个行淫时被抓的女人说："我也不定你的罪。去吧！从此不要再犯罪了。"[33]这句话我们一定要牢记。问题的关键就在于我们"从此以后不要再犯罪了"，这一点很重要。所以，我们要做出一个决定：从今天起停止婚姻以外的性关系；痛下决心，保守自己心灵和身体的圣洁。这样，上帝必全然接纳你，饶恕你一切的过犯。

四、二次守节的原则

犹太人有一个最为重要的节日，叫作"逾越节"（又称无酵节。酵在《圣经》中代表"罪恶"），时间是犹太历正月十四日白昼及其前夜，上帝当初命令以色列人在自家门框涂抹羔羊鲜血，他杀死了埃及地一切头生的

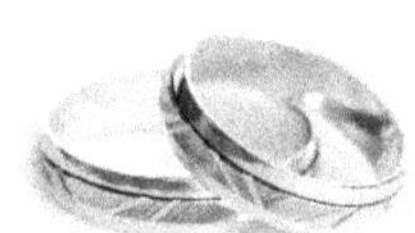

人及牲畜，这些以色列人家却得以幸免。从此，以色列人每一年都要守逾越节。逾越节是后来我们得享基督救恩的一个预表。基督是上帝儿子，也是替罪的羔羊，他在十字架上所流的宝血，能够使我们这些罪人越过上帝的审判而不被定罪。

上帝借着摩西要求守逾越节的人不仅内心要虔诚，身体也必须洁净。绝大多数以色列人都顺服摩西所传达的命令，按照上帝的旨意而行，守节的时候里外都洁净。但是，总有一些人因为这样或那样的原因未能守节，如：家里死了人，不能保持身体的洁净，因而失去了守节的资格；因为外出办事错过了守节的时机……这些人不是不想守节，而是因为不得已。可是，他们不想因此失去亲近上帝的机会，于是就去找摩西。摩西也不知道应当如何对待这样的情况，就为他们去求问上帝的旨意。

上帝施怜悯给那些虽然身体不洁净但内心渴望守逾越节的人补救的机会：他们可以在一个月之后的同一天守逾越节。但对二次守节的人所要求的洁净标准却丝毫没有降低，和第一次守节的完全一样（《民数记》说："他们要照逾越节的一切律例而守。"[34]

同样的原则：我们每个人都应该按照圣经的要求，持守性的圣洁，才得以亲近上帝。但是，总是有一些人会因为无知而误入歧途，或因为软弱而未能抵挡住外来的诱惑，使得自己性圣洁受损。如果他们心里能够认识到自己的过犯，愿意悔改，上帝可以给他们第二次持守性圣洁的机会。但需要特别注意的是：不可因为自己反正已经失去了童贞，就降低守节的标准。

身体的圣洁固然重要，但内心的圣洁上帝却是更加看重的。

《民数记》说："那洁净而不行路的人若推辞不守逾越节，那人要从民中剪除。因为他在所定的日期不献耶和华的供物，应该担当他的罪。" 即便你持守住了身体的洁净，但是你若心里不圣洁，那么身体的污秽也是迟早的事。因为之所以还没有失去身体的圣洁，只不过是因为没有机会或条件不允许罢了。婚前没有出轨，婚后也会红杏出墙。这就是为什么耶稣说："你们听见有话说，不可奸淫。只是我告诉你们，凡看见妇女就动淫念的，这人心里已经与她犯奸淫了。"[35]

鉴于圣经的这些原则，那些婚前同居中的恋人，即便是两人已经决定要走进婚姻，也必须立刻停止同居的生活，而要在婚礼举办之前持守相当一段时间的性圣洁（就是对大龄恋人来说也应当不短于半年），以表示对上帝所创造婚姻关系的尊重和对以往不圣洁行为认罪悔改的决心。这是对他们彼此爱情基础的一个必要考验。由于他们都正值青春期，性欲旺盛，性快感已经被前一

那种在年轻的岁月里就没了指望的人，是因为他们从未真正经验到爱。他们不知道如何去分享爱，也不知道如何去爱别人，更不知道如何去接受爱。若你与他们接触，他们会发脾气，大喊"不要碰我"。

——里昂·柏士凯利亚

段的性活动所唤醒，所以在这段分居的日子里双方都会时常产生极强的性欲望。即便如此，也要完全杜绝两人之间的性接触，以考验各自在性诱惑面前的克制力。这段“攻克己身，叫身服我”[36]的操练对二人以后的婚姻生活大有裨益，既能增加对外来性诱惑的抵抗力，又能促进夫妻二人相互间的信任。可能有人会问：

“要是对方熬耐不住，有了外遇怎么办？”

“如果对方等不及，决定和我分开怎么办？”

这样就更说明这段分居生活非常有必要了。可见你们以前爱恋的基础是多么脆弱。现在你还有魅力的时候，他都会出轨，就更不用说以后你魅力衰退的时候了。记住我们在前面的章节反复强调过的真理：你是不能靠性能力和魅力来持守自己的婚姻的。

五、帮助自己等待

性是每一个人都要面临的问题。面对性方面强烈的内在压力和外来诱惑，年轻人常在“等待”方面缺乏必要的信心和准备。这里提供一些途径和方法，以帮助你缓解性压力、释放紧张情绪、抵制诱惑。

第一，改善同父母的关系，增加同父母的亲密感。

每个人都需要亲密感，尤其是处于未婚状态的年轻人，亲密感的满足可以帮助他们减轻对性的渴望。对于独生子女家庭来说，婚前亲密感的满足主要是来自父母。我每次给青年人做婚恋辅导，都会让一男一女上前来扮演我的儿女。当我像迎接自己的儿女回家一样，用力拥抱他们的时候，这一男一女往往都会感动得落泪，台下的青年人也都会报以热烈的掌声。为什么？因为此时他们才意识到自己是多么渴望从父母那里得到亲密感啊！

一次在外地做婚恋讲座，中间休息时，一个瘦瘦的戴眼镜的大学生来到我面前，怯生生地问我："袁老师，你能像刚才抱那个同学那样抱我一下吗？"我说："当然可以。"我的话音未落，他就像一个受了天大委屈的孩童一样忘情地扑到我的怀里，泣不成声地说："我……我爸爸……从来没有……这样……抱……抱过我。"

我一听这话，把他抱得更紧了。过了一会儿，我一抬头，见面前排起了一个长队，大学生们一个个低着头表情严肃地等待我拥抱他们。一个女孩子甚至问我可不可以叫我"袁爸爸"。她做梦都想和自己的爸爸拥抱，她的父亲却总像陌生人一样同她保持距离，这让她心里十分痛苦。她希望我能够满足她的需求。我敞开双臂对她说："孩子，你叫吧。"她"哇"的一声哭了起来，在我的怀里叫个不停。那次有很多学生向我保证：放假

回家，一定要拥抱自己的爸爸。

我讲这些是想让年青人意识到，由于传统观念的困扰，我们与父母虽然生活在同一个屋檐下，但彼此的心离得很遥远。以前每个家庭都会有多个子女，虽然父母同儿女的肌肤之亲很少，但是弟兄姐妹在一起亲亲热热、打打闹闹的，会使孩子对亲密感的需要得到一些补偿。当代青年多为独生子女，享受不到这种亲密感，而且学习压力和社会竞争使他们日益感到孤独、寂寞，渴望有人来爱抚、理解和拥抱他们。在这种状况下，他们很容易将“性”作为缓解和释放压力的渠道。我在这里鼓励年青人要主动与父母建立起肌肤之亲。如果你上来就拥抱他们，他们会很不习惯，因为他们的心已经冰冷了。而我鼓励你们主动去融化这层坚冰。就像圣经中所说“用肉心代替你们的石心”，可以先从一些小的身体接触开始。比如你可以说：“爸，我给您捶捶背。”“妈，我给您揉揉腿。”“我帮您梳梳头吧？”这样一步步地发展到请求他们和自己拥抱，或时机成熟时去主动拥抱他方，就是像小时候那样。亲人之间的亲密感可以缓解年轻人对性亲密的渴望程度。

第二，认清自己的价值，才不会自轻自贱。

年青人很看重自己的价值，因为他们从小就很少得到周围人的接纳，甚至有的父母和老师都不接纳他们。

得不到接纳，人就容易自卑。我们看到许多年轻漂亮的女孩子为了一点钱就出卖自己的身体。这是为什么？因为自卑。人认为什么更重要、更有价值，就会用自己所拥有的去交换。她们的行为说明她们认为金钱比自己的身体、自己的青春更有价值，与她们幼年时代不被接纳是有着客切关系的。我们只有在被别人接纳的时候才能够体会到自己的价值。

有两种畏惧的情形使许多人无法在长久的关系中经历爱与喜乐：一种是畏惧没有人爱自己；另一种是因为畏惧从来没有爱过别人。

——佚名

《罗马书》说："所以你们要彼此接纳，如同基督接纳你们一样，使荣耀归与神。"[37] 即使别人都不接纳我们，甚至父母也不接纳我们，我们仍然拥有无比的价值，因为我们是上帝造的。上帝在造我们的时候就赋予我们价值，这价值就在于我们每个人都是独一无二的；而且更重要的，当我们还在罪恶中的时候，上帝就差遣他的独生子基督耶稣来到这个世界上，为我们的罪死在十字架上，流出鲜血赎买了我们的生命。我们如此有价值，如此宝贵，以至于基督愿意为我们舍命。当我们知道自己价值的时候，便会充满自信和自尊，而不会为了某些利益轻易地将自己的身体交给别人。

第三，多做一些有成就感的事，使自己的生活更充实。

什么能够给人以成就感？有的人以为是金钱、美女、荣誉、地位等。但是，这些成就感都是虚假而短暂的，

不过是“虚荣”。一个人即便得到这些，如果他只是为了自己个人的享受，而不能为周围的人和社会带来任何益处的话，那么他就感觉不到生命的意义。

我们看到现在太多的城市年轻人，除了挣钱、买房、买车、享受生活以外无所事事，他们将自己宝贵的时间都花费养猫遛狗等事情上。在城市里养一条狗的花费，足以在贫困地区供养一个孩子的生活和学业。有一次，我在小区跑步时听到两个女人在谈论自己的狗，其中一个说给狗理理发、修修指甲花了一百多块钱。我一听吓了一跳：我理个发才花几块钱，这狗比我都金贵。有人说：“人类最大的悲哀莫过于与狗为伴。”这句话说得真是很精辟。

年青人，我们必须振作起来。世界上有太多有意义的事情在等着我们去做。我们要主动为周围的人和这个社会做些有益的事情，并以此去影响他们，否则你就感觉不到生命的意义；感觉不到生命的意义就不会有价值感；没有价值感内心就不充实，就越来越感到无聊，不快乐；不快乐就会寻找快乐来使自己空虚的内心得到满足。这就是为什么那么多青年人以昼夜上网来逃避现实，酗酒、性滥交、吸毒，走向堕落。

努力去寻找一些有益于社会和他人的事情来做，你就会觉得生活很充实。充实才能真正地快乐。即便目前找不到这样的事情，可以学习一些今后家庭生活所需要的技能：男孩子要学习承担一些必要的家务，以操练自己的责任感。女孩子可以学习做饭、布置房间等。当你在日常生活中不断地完成一些具体目标时，你就会很有成就感。这样会帮助你赶走空虚，免于落入自我放纵的情形。

很多女孩都会有一个美丽的梦，就是梦想穿上嫁妆的那一天。可是，当你梦想成真，经历了蜜月的浓情蜜意之后，便会进入日趋平淡的婚后生活。有一句老话这样形容生活：柴米油盐酱醋茶……婚后的生活不再像婚前，女人要操持一个家。不会收拾屋子，不会做饭，不会带孩子，你就当不好一个妻子。当然，现在绝大多数女孩子不会这些。所以，女孩应当趁着单身的时候，努力操练如何成为一个贤德的妻子。不要成天想着如何打扮自己。俗话说：“爱美之心，人皆有之。”女孩子天生爱美，这并不是什么不好的事情。但是要知道，不能过多地追求外表的光鲜亮丽，要注重那些真正有价值的东西。

第四，重视体力劳动，加强体育活动。

体力劳动和体育活动不仅可以提高年轻人的体质，促进手和脑的协调性，而且对提高他们的悟性大有裨益。现在，年轻人普遍鄙视体力劳动，轻视体育锻炼。四肢

不勤就会越来越懒惰，从而百无聊赖，胡思乱想。参加体力劳动或体育运动不仅能够增强体魄，劳动的汗水还能净化心灵。

中国古代的思想家孟子说：“故天将降大任于斯人也，必先苦其心志，劳其筋骨，饿其体肤，空乏其身，行拂乱其所为，所以动心忍性，增益其所不能。”看来，身体上的操练对一个人的成长是大有好处的。

我们还应当经常投身到大自然当中，在广阔的天地间你的心胸会开阔，情操得以陶冶，思想也得到升华。这些都可以使你朝气蓬勃，不再想入非非。

第五，培养广泛的兴趣爱好，避免性刺激和自慰。

陷入性诱惑泥潭的人大多有一个共同的特点：他们的生活过于单调。除了功课就是功课，没有其他的事情可做，生活没有趣味，这是一个很大的问题。所以我奉劝青年人要注重培养自己的文艺体育特长，多方面发展自己的兴趣爱好。文体活动可以很好地陶冶你的情操，提高你的欣赏力，丰富你的生活。《哥林多前书》说：“但要免淫乱的事，男子当各有自己的妻子，女子也当各有自己的丈夫。”[38]年轻人要投身到积极有益的事情当中，不要通过和异性发生性关系或其他渠道来满足自己的性欲，因为这是危害身心的，是不讨上帝喜悦的。

现在社会上有许多针对青年人的“引导”都是错误

我心在我里面发昏的时候，我就想念耶和华。我的祷告进入你的圣殿，达到你的面前。

——《约拿书》

的，比如鼓励他们用性幻想来缓解性的压力，按照圣经的原则，这也是淫乱。也许有人会说：性幻想又没有涉及别人，怎么是淫乱呢？上帝的审判不是按照人做了什么，而是按照心里的思想来衡量的。《马太福音》记载，耶稣说："你们听见有话说：'不可奸淫。'只是我告诉你们：凡看见妇女就动淫念的，这人心里已经与她犯奸淫了。"耶稣在这里告诉我们：当人里面动了淫念的时候，虽然没有实际犯罪，但那只是他不敢做、不能做或条件不允许他做，而不是他不愿意做。一旦条件允许或时机成熟，他一定会做。

此外，以手淫的方式来释放性压力也是不可取的。虽然表面看起来或根据逻辑推理手淫可以降低性暴力案件、减少婚前怀孕之类的事情发生，而实际上手淫不仅对年青人身心健康危害极大，而且会影响他们对性的正确认识以及未来婚姻中性生活的质量。

曾有多个沉溺这种习惯不能自拔的年轻人给我发来电子邮件，向我呼求"救救我"。他们都非常痛苦，沉重的负罪感压得他们喘不过气来，严重地影响了他们正常的学习和生活。不仅如此，由于这种习惯会造成性中枢和性器官的兴奋过度并引起早衰，致使他们的健康状况每况愈下，有的甚至还没有结婚就已经出现性无能症状或者严重的前列腺病变。他们精神萎靡、面色晦暗、

神情恍惚，有的甚至痛不欲生。这个坏习惯就像鸦片一样地控制着他们。情欲高涨的时候身不由己，释放之后悔恨交加，赌咒发誓，甚至打自己的耳光。然而，他们却一次又一次遭遇失败。这就是典型的被某种力量辖制的表现。《创世记》所记载的夏娃和亚当堕落的经历告诉我们：撒但就是要诱惑你去拿看起来美好的东西满足一时的欲望，来阻止你享受上帝要赐给你的更加美好的礼物和恩典。你不要让魔鬼的阴谋在你的身上再一次得逞。

想用手淫无害论帮助年青人从负罪感的重压下解脱出来的方法也是违反圣经的原则。《创世记》说："因此，人要离开父母与妻子连合，二人成为一体。当时夫妻二人赤身露体并不羞耻。"[39] 只有一男一女在婚姻关系中的性行为才不会使双方产生羞耻感，即罪恶感。除此之外，所有形式的性行为都会让人有羞耻感，比如虽为一男一女然而却在婚姻之外的性行为，男人同男人的性行为、女人同女人的性行为，以及单独一个人的自慰性行为都会使人感到有罪恶感，因为性是上帝为婚姻创造的，任何违反上帝所创造模式的性行为，都是不敬重上帝。

那么，被手淫恶习缠扰的人该怎么办？有一首歌这样唱道："当你有劳苦重担，可以交托给耶稣。在基督里就有希望，在基督里就有力量"。人的负罪感只能通过回归上帝的律例才能够解脱。上帝在告诫你：此路不通。被手淫恶习缠累的未婚男女可以通过以下的途径回归到圣洁的生活。

我们要在基督面前切切地为此祷告，认罪悔改，求得饶恕和医治，让耶稣改变你的心。《箴言》说："你要保守你心，胜过保守一切。因为一生的果效，是由心发出。"当你的心改变的时候，你的行为就会改变。

不要为一两次的失败而气馁，长时间养成的毛病不是一时半会儿就可以去除的，要有足够的耐心。

一定要避免各种色情刊物和网络的刺激，那将使你孤身面对试探，你很容易失败。只有求靠上帝的帮助。《哥林多前书》说："你们所遇见的试探，无非是人所能受的。神是信实的，必不叫你们受试探过于所能受的。在受试探的时候，总要给你们开一条出路，叫你们能忍受得住。"[40]当初哥林多城里有许多异教的庙宇，里面有娈童和娼妓供那些参拜的人淫乱。这样的活动无疑会大大刺激旁观者的神经，对哥林多教会的弟兄姐妹都是很大的试探。保罗告诫他们必须求靠上帝的力量来战胜试探。

"我所亲爱的弟兄啊，你们要逃避拜偶像的事。"有手淫习惯的青年人应该主动避开一切可能带有性刺激的场合和东西。千万不要用性幻想或色情图片等来"饮

鸩止渴”，那些做法都只能使你越来越沉溺其中。

第六，尽量避免独居或与异性独处的场合。

防止婚前性行为以及手淫的另一个重要手段就是避免“独居”。《创世记》说“那人独居不好”[41]，这对所有已婚和未婚的男女都适用。独居的人常常寂寞孤独、情绪低落、意志软弱，这正是魔鬼撒旦诱惑试探的最佳时机。结婚之前尽量不要独居一处，要与家人住在一起。若因为上学或工作而必须离家，那么就尽可能住在集体宿舍里。集体生活对你来说可能会有许多不便，却大有益处，因为当你与他人共居一处的时候，你就必须时刻提醒自己，这不是你的个人天地，还有其他的人，不仅会大大降低你单独面对性试探的机会，还有助于你为预备婚姻而打造自己较为随和的品格和性情。我们都不能否认，独居惯了的人进入婚姻之后，在生活习惯调整方面会比其他人面临更大的挑战。

另外，要避免在私密场所与异性单独相处。当有女士要同我谈她的婚姻问题时，我就会请妻子一起聆听，或者当其他人在场的时候在办公室谈。总之，我们不给撒旦留下诱惑的机会，正如《以弗所书》所说：“也不可给魔鬼留地步。”[42]有人会说：“我不在乎。我不做亏心事不怕鬼叫门，脚正不怕鞋歪。”但是，基督徒一定要谨慎，鞋歪会使你的脚痛。大家都不要过于轻信自己的克制力。保罗在《哥林多前书》说："所以，自己以为站得稳的，须要谨慎，免得跌倒。"[43] 当你认为自己很坚强，可以"站得稳"的时候，那可能恰恰就是你快跌倒的时候。

谈恋爱要选择公共场所。男女待在私密场所的时候，撒旦就有了机会。撒旦一旦拨动你的哪根神经，你就有问题了，就开始动邪念了。即便你没有被试探，但是你防止不了对方被试探。所以我们要在两性的接触方面特别谨守自己的行为。《以弗所书》说："此外又拿着信德当作藤牌，可以灭尽那恶者一切的火箭。"[44]

第七，建立一个随时祷告的习惯。

《提摩太前书》告诉我们："举起圣洁的手，随处祷告。"要养成在每件事情上祷告求问主的习惯，来使自己始终行在神的旨意中。每当要去约会或者意识到将有性诱惑的考验时，祷告可以帮助你避开诱惑；如果正在受到诱惑，祷告可以帮你靠主的力量战胜诱惑。

小子们哪，不要被人诱惑。行义的才是义人，正如主是义的一样。

——《约翰一书》

第八，佩戴有意义的饰物，以随时提醒自己。

旧约时代，上帝曾让以色列人通过佩戴饰物来不断提示自己，帮助自己胜过试探。

"你们佩带这繸子，好叫你们看见就记念遵行耶和华一切的命令，不随从自己的心意，眼目行邪淫，像你们素常一样。使你们记念遵行我一切的命令，成为圣洁，

归与你们的神。”[45]

这一方法在今天同样有效。在手指、手腕、或颈项上佩带一些有特殊意义的饰物，有时也可以在关键时刻起到提示自己或增强克制力的作用。

我的一个美国朋友有三个女儿，她们都相差两岁。每当一个女儿到了青春期，爸爸妈妈都会在大饭店里订一个包间和一桌晚宴。他们把这个女儿专打扮得漂漂亮亮的，开车把孩子们带到饭店，为她举行成年礼。结束前，父母从兜里掏出一个精致的项链为女儿戴在胸前，项链的坠儿是一把小锁。他们语重心长地对女儿说:“孩子，你现在已经长大了，要做女人了，但是你也会受到很多诱惑。今天爸爸妈妈把这个锁送给你。”然后，妈妈拿出钥匙，放在女儿的手中，“钥匙也交给你。记住《圣经》里的那句话：“我自己的葡萄园在我面前。”你要看守好自己的葡萄园。在你新婚的晚上，将葡萄园的钥匙交在自己丈夫的手中。”爸爸妈妈把手放在女儿身上为她祷告。他们向女儿表达自己的爱，祈求上帝赐给女儿美好的婚姻，并赐给她力量能使她抵御败坏的社会风气带来的诱惑。

为什么爸爸妈妈要把一个小锁挂在女儿的胸前呢?因为女孩子到了谈恋爱的年纪，约会的时候，男孩子最喜欢动女孩子的胸部。这时候女孩子胸前的小锁就自然会“说话”，使孩子回想起父母为她做的祷告，知道要离开诱惑。在婚前性行为非常普遍的美国，这三个女孩在婚前都没有发生性行为。

我提醒做父母和长辈的，在孩子进入青春期的时候，可以为他们举行一个成年礼仪式。在这个仪式上，为他们郑重地佩戴上有意义的饰物（男孩的饰物可以戴在手腕上，因为他们的诱惑常从眼睛开始，情绪的失控都常从手上开始），并按手在他们的身上为他们祷告。我们可以帮助孩子爱惜自己的身体，使他们将来能够拥有一个美满的婚姻。

忍受试探的人是有福的，因为他经过试验以后，必得生命的冠冕，这是主应许给那些爱他之人的。

——《雅各书》

六、学习战胜诱惑

1. 大猩猩的故事

诱惑随处都在。面对诱惑，失败的人确实不少。我们该如何胜过自身的软弱呢？诱惑和试探来临时，你要采取的最紧要的措施就是立即逃离。所以，如果你想等一等再作反应，那常常会落入网罗。或许我们可以从下面这个大猩猩的寓言故事中得到一些启示。

大猩猩有两项嗜好：很喜欢喝红酒，很喜欢穿红鞋跳舞。猎人深知大猩猩的这些嗜好，就在森林中放一坛香喷喷的红酒，在酒坛旁边放了很多红鞋，每只鞋子都用绳子拴住，绳子的另一头拴在树上。

一群大猩猩闻着酒味就来了。它们一看到酒，乐了："哎呀！你们看见没有？猎人多么可笑。我们是谁？我们是最聪明的灵长动物，想用这种小儿科的把戏来抓我们？白日做梦！我们知道他让我们喝这个酒，喝醉了再穿红鞋，然后他就会来抓我们；我们就是不喝，猎人要枉费心机了！"

虽然嘴上这么说，这时候它们却谁都不离开。老大说："猎人一定就在附近看着我们。我们不喝酒也不穿红鞋，可以围着酒坛转几圈，气气他们再走。"于是，大猩猩开始围着坛子转圈子……

老二说："大哥，我们这样转完圈就走，岂不是便宜他们了？"

老大说："老二，那你说怎么办？"

老二说："咱们都过去好好闻一闻，不喝酒不就行了吗？"

老大说："老二说得有理，弟兄们，咱们都过去好好闻一下，谁都不准喝。"

于是，大猩猩们一个个走过去，拼命地闻那红酒的香气。“哇，真香啊！”闻完了它们仍然不走。

老三说了：“大哥二哥，咱们就这么走了，岂不是便宜他们了？咱们过去每人只喝一口——大口酒怎么会醉？剩下的酒咱也糟蹋了，气气他们。”

大猩猩们都拍手赞成。于是，从老大开始，都喝了一口红酒。喝完以后，它们还是不走。

你们岂不知不义的人不能承受神的国吗？不要自欺，无论是淫乱的、拜偶像的、奸淫的……都不能承受神的国。——《哥林多前书》

老四说：“大哥、二哥、三哥，喝一口也是喝，十口八口也是喝。咱们索性敞开了喝，都互相看着点，别喝醉了。只要不喝醉，他还是抓不着咱们。”

老大说：“哼，即使喝醉了，咱们不穿红鞋，猎人也逮不着咱们。”

“对！对！对！”众猩猩们呼应着。

于是，大猩猩们开始尽情地喝，一下子全都喝醉了。

老五说：“大哥、二哥、三哥、四哥，咱们……喝完酒……就走，有……有什么意思？穿上红鞋……不跳舞，咱们……舒服舒服就马上……马上脱下来。只要不跳舞……就抓不着咱们。”

就这样，大猩猩们穿上了红舞鞋。就在这时，猎人从树上跳下来了。大猩猩们见势不妙撒腿就跑，结果都摔了跟头，一个没剩地落入了猎人手中。

从这个寓言中我们似乎可以看到自己面临诱惑时的

情形。我们也是这样一步步陷入网罗的。最开始诱惑只是向你招手，你可以轻易地转身离去。但是，我们却总是像大猩猩一样，明明知道后果是什么，就是舍不得走，想再等一等，再看一看，再摸一摸，再闻一闻……结果就被撒旦抓住了。所以应当记住，面临性诱惑的时候，“要躲避，不可经过，要转身而去。”[46]

2. 了解男女对性的感受有所不同

了解男女在性的感受上的不同之处有助于避免婚前性行为。男人常常“为性而爱”，女人常常“为爱而性”。也就是说，男人为了得到性会给女人很多关爱；而女人则正好相反，她们渴望得到的是爱，为了得到被关爱、被珍惜的感受，而将性给喜爱自己的男人。

我们的身体有五种感觉，除了味觉，其他的感觉都会对人产生性的刺激。男女对性刺激的感受有所不同。男人主要通过视觉和嗅觉获得性刺激，所以男人喜欢欣赏女性美丽的身体以得到快感，闻到女人身上的香气也会引起性的兴奋。女人对性的感受主要来自触觉和听觉。她们在被自己所喜悦的男人爱抚和拥抱时会获得快感和安全感；另外，女人爱听耳边的甜言蜜语，所以很容易为男人的花言巧语所迷惑。

性生活对女孩子并不是特别有吸引力的，她们真正需要的是爱的感受——欣赏的目光、温柔的爱抚、抚慰的拥抱、热情的赞美。这些爱意的表达某种程度上原本是应该父亲给女儿的。但是因为从父亲那里得不到，而女孩子又极其渴望，所以当别的男性为她提供这样的“关爱”时，她们常常是像抓住了救命稻草般难以舍弃。即使最终发现这种爱的持续是需要她的纯贞作为交换时，也在所不辞。所以女孩子们常常用性从男人那里换取爱。

女人天生就是弱者，最容易被侮辱和损害，需要关爱和保护。而这种关爱和保护首先应该在家庭中得到。良好的父女关系可以满足女儿对爱的需求。女儿对爱的需要得到满足时会很有价值感，很自信也很安静，在日后与男人的交往中能够既落落大方又保持足够的矜持。

在与男人交往时，女人一定要保持足够的矜持。在身体和心理上，女人大多比男人软弱。一旦发生性关系，往往是女人受到严重伤害。女人，你要记住：你是别有用心的男人涉猎的目标；越是急于得到你的男人，你对他越要加倍小心。真正的爱情必须经过考验，他越着急，你就越要矜持。急于得到手意味着“冲动”，好“冲动”的男人常常是没有责任感的，他绝不是爱你的男人，他不值得你珍惜。

当你确认对方是一个负责任的男人之前，千万不要

轻易地将自己一生托付给他。也许你看到过这样的场景：在婚礼上，牧师当着所有来宾的面问新郎："无论疾病还是健康，贫穷还是富足，失败还是成功，你都愿意跟她持守一生吗？"为什么邀请那么多的亲朋好友来参加婚礼呢？不是为了聚在一起大吃大喝，而是大家要共同为新婚夫妇做见证。新郎要当着牧师、双方父母、众亲朋好友的面表示：今天我在众人面前许下诺言，我在一生中都要遵守这个承诺，并请大家共同来监督。

七、试婚及多个性伙伴的弊病

《箴言》说："少年人立刻跟随她，好像牛往宰杀之地，又像愚昧人带领进去受刑罚；直等凿穿他的肝，如同雀鸟急入网罗，却不知是自丧己命。"[47]试婚及多个性伙伴的结局就是这样。

只有在婚姻里才能享受性生活。性的亲密关系体现了夫妻之间的爱，使婚姻生活无比甜蜜。过性生活时，不要寻求外界的刺激，也不要性生活过于频繁。高质量低频率的性生活有助于你的身体健康，使你精力充沛，而且你的性能力能保持到六七十岁甚至更久。如果你年轻时过分贪欲，随自己的欲望任意而为，不仅损害你的身体健康，还会大大降低你的性能力。我看到过一个报道说：以前男性大多到了中老年才出现阳痿症状，而现今男性阳痿患者低龄化现象十分严重，而且比例也正在快速加大。相当多的青年人还没有结婚就已经丧失了性功能，他们追悔莫及。看看每天各类报纸铺天盖地的壮阳药广告，就知道这一状况到底发展到多么严重的地步。

现在，很多人都想要试婚，他们的理由是："就是买衣服还要试试呢，婚姻这么大的事，不试一试，怎么知道对方适合不适合我？"婚姻不是买衣服。试衣服不会给你带来任何影响，而每一次性的经历都会在你的心灵和肉体上留下不可磨灭的印迹。而且要知道，想要通过对比来确定婚姻的对象，你很难得到满足。因为当你比较的时候你会发现他们各有利弊，而你永远想得到更好的。

多个性伙伴的最大危害就是性病和艾滋病。科学家的研究结果显示，即使使用安全套过性生活，染上艾滋病病毒的几率是 1/6。也就是说，每六次就有一次可能感染上艾滋病。现在，很多学校给学生发放安全套，以此种方法来预防艾滋病。可是，当学生们拿到安全套的时候，他们会怎么想？他们会想：我们可以试试，只要做的时候注意点就行了。安全套发到手，即使原本没有这个想法的人都想试一试。所以，这绝不是一个从根本

上解决问题的办法，也不是对年青一代负责的态度。社会风气得不到扭转，性病、艾滋病就得不到控制。即便你没有感染上性病和艾滋病，但这种婚前性行为势必对你未来的婚姻和家庭关系产生极消极的影响：

- 容易造成你婚后习惯性婚外情：反正已经有过这么多的性伙伴，再多一两个也无妨。
- 婚前在性道德方面的坏名声迟早会影响到夫妻间彼此的信任。
- 意外怀孕、人工流产会带来日后生育上的困难。

《北京晚报》2006 年 12 月 24 日刊登了这样一则报道："广州试管婴儿激增五成——不孕不育患者逐年增多，女性婚前性生活随便是主因。"广州 2006 年进行了 5000 多例试管婴儿治疗，其中 60% 的人是因为婚前人工流产造成不孕。广州近两三年做人工流产的女性中多半为未婚者，最小的仅 14 岁。

这触目惊心的数字应该引起人们的反思：片刻的欢愉之后就是无尽的痛苦。年青人，一定要清醒啊！

第六章

婚姻中的秩序

你们作丈夫的，要爱你们的妻子，正如基督爱教会，为教会舍己。你们作妻子的，当顺服自己的丈夫，如同顺服主。因为丈夫是妻子的头，如同基督是教会的头，他又是教会全体的救主。教会怎样顺服基督，妻子也要怎样凡事顺服丈夫。

——《以弗所书》

无以规矩，不成方圆。

——中国古语

在进入婚姻之前，很多人对自己在婚姻中所要扮演的角色没有很好的思想准备。这就像是观众已经坐好，灯光照亮了舞台，戏马上就要开演了，你是演员，却不知道自己在这出戏里扮演什么角色。而且，不知道导演是谁，也没有看过剧本，怎么能演好呢？有的人对丈夫和妻子在婚姻里分别要担当什么样的角色稀里糊涂，心想：管它呢，先结了婚再说。如果这样稀里糊涂地结了婚，很可能会稀里糊涂地离婚。

神为婚姻所定的次序是：

我愿意你们知道，
基督是各人的头；
男人是女人的头；
神是基督的头。

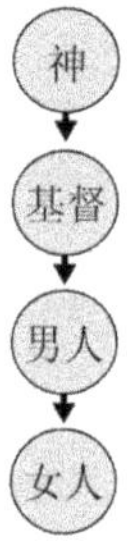

神 → 基督 → 男人 → 女人

图六　婚姻中的次序

也许有人会说：以前人们结婚时也不清楚应该做什么，不是照样过日子吗？我们知道，中国有着几千年的文明史，流传下来很强的道德规范和社会秩序。这些规范和秩序是每个人都要遵守的。在这样的社会背景下，

即使有的人在婚前不知道婚后所要承担的责任和义务，身处传统意识占统治地位的社会环境里，他们也必须遵循这样的规则。回顾历史，我们可以看到传统意识不好的一面，但同时也能够看到它好的一面，即建立了良好的社会秩序，使人们在婚姻中有安全感。但是，后来人们错误地理解了“男女平等”和“妇女解放”，于是走了很多的弯路。现在，人们越来越清楚地看到：男女平等，应该是强调男人对女人的爱护和尊重，不是片面地理解为男人所做的事情女人同样能做。葛培理曾经说：“婚姻里的两个人如果完全都一样的话，那么有一个人是多余的。”女人们所要做的不是追求“妇女解放”，独立于男人，强调个人的自由，而是要发展自己的能力，做自己该做的事情。

中国的传统意识强调在婚姻中“夫唱妇随”“男耕女织”，使人们能够按照一个共同的秩序过家庭生活。《圣经》中也告诉我们上帝为人类的婚姻生活设定的秩序。

一、人生的第一、第二关系

《创世记》记载上帝造人的过程：“耶和华神用地上的尘土造人，将生气吹在他鼻孔里，他就成了有灵的活人，名叫亚当。”[48]上帝造了亚当以后，第一个关系便诞生了，就是上帝和人类的关系。对每一个人而言，这是第一关系，也就是最重要的关系。上帝说：“那人独居不好，我要为他造一个配偶帮助他。”[49]于是，第二个关系诞生了，就是夫妻关系。在人类所有关系中，夫妻关系是第二个重要的关系，它仅次于人类与上帝的关系，比其他的关系（父子关系、弟兄姐妹关系、同事关系等）更为重要。

基督徒举行婚礼的时候，新郎要先站在会场的前面等候新娘入场。这表示上帝先造的是亚当。当婚礼进行曲音乐响起，新娘挽着父亲或家族中其他男性长辈进入婚礼殿堂。走到新郎面前时，父亲把新娘的手放到新郎的手中。这意味着：我把女儿郑重地交托给你了，从今往后，你要好好地看顾她。这里是重现《圣经》中“领她到那人跟前”的情形：上帝用亚当的肋骨造了一个女人，并亲自把那女人带到亚当的面前，交给亚当。

所以，女人是男人的“骨中骨，肉中肉”。中国人也常用“软肋”来比喻一个体系中最为重要而又最为脆弱、易受到攻击的部分。妻子对于丈夫来说，就是这样的性质。缺了一根肋骨的男人会总觉得里面空荡荡的，所以一定要失去的部分回归原位，才能够挺起腰杆做男人。上帝没有用那根肋骨给亚当造一个爸爸、妈妈、儿

女或朋友，而是造了他唯一的妻子。可见，亚当最重要的需求必须由妻子来满足，而不是由父母、子女、朋友或其他人满足。夫妻关系的重要性仅次于人类与上帝的关系，是一切其他人际关系的源头。因此，夫妻关系的和谐也是其他关系和谐的基础。当你结婚的时候，就是正式开始营造这个最重要的人际关系。请记住，婚姻是你的“终身大事”，你一定要把这个关系营造好。

婚礼上，新郎新娘在宣誓立约并接受祝福之后，要一同携手走过红地毯。想要理解这一仪式的深刻含义，还要看一看《圣经》。《创世记》15 章记载了上帝与亚伯兰立约的情形。这是人类历史上的第一个盟约仪式:

上帝要亚伯兰把牲畜劈开，分为两半，一半对着一半地摆列，牲畜的血就自然流到中间，形成一条鲜血覆盖的道路。盟约的双方要一同从血路上走过去，表示从今天开始我们缔结盟约，而成为一体的关系。拆散我们的唯一方式就是像这些牲畜一样从中间一劈为两半。后来，这成为以色列人传统的立约方式。意味着：只有鲜血和死亡才能终止我们的盟约。《耶利米书》说：“犹大的首领、耶路撒冷的首领、太监、祭司和国中的众民曾将牛犊劈开，分成两半，从其中经过，在我面前立约。后来又违背我的约，不遵行这约上的话。我必将他们交在仇敌和寻索其命的人手中。他们的尸首必给空中的飞鸟和地上的野兽作食物。”[50]

这是《圣经》记载的上帝警告以色列人的话：如果违背在我面前许下的的诺言，我会严厉的审判他。

在今天的婚礼上新郎新娘携手踏上的红地毯，就是象征着当初那条盟约的血路。这个仪式意味着婚姻是一个永远不可背弃的盟约。他们是在向前来参加婚礼的人宣布：我们将共度余生，永不分离。可见，婚礼是个非常严肃的仪式，来宾都是新人请来为这个神圣的盟约作见证的。他们将共同监察，你是一个诚实守信之人，还是一个背信弃义的人。违背在上帝和众多亲朋好友面前立下的婚姻誓言是极大的犯罪。

令人遗憾的是：大多数走红地毯的新人们都早已忘记甚至根本不晓得这一仪式的真正含义，而以为不过是一种传统的做法。

“因此人要离开父母与妻子连合，二人成为一体。”上帝认为，夫妻结婚之后不是两个互相独立的人搭伴过日子，而是一个不可再分的整体。

二、男女在婚姻中的角色

在谈论男女在婚姻中各自需要担任的角色之前，我

们必须知道，那样的角色是上帝赋予我们的职责。我们每个人在享受上帝通过婚姻赐给我们的福分的同时，必须要承担相应的责任；当你承担起这些责任的时候，上帝会赐给你更多的祝福。

1. 男人的角色

《圣经》中记载：上帝创造了宇宙万物，使世界变成一个井然有序的和谐整体。同样，上帝也在婚姻中设立了美好的秩序。

《哥林多前书》说："我愿意你们知道，基督是各人的头，男人是女人的头，神是基督的头。"[51] 这里讲的是一个次序问题。"各人"指的是男人。从这段话中我们看到，并不是说男人比女人更重要，而是指男女被创造的时间不同（先创造的是男人），他们在生活中扮演的角色不同。在上帝眼中，男人和女人具有同等的价值。

《创世记》说："耶和华神将那人安置在伊甸园，使他修理看守。"[52]"那人"就是指亚当，因为当时夏娃还没有造出来。"安置"和"使"就是"安排"和"委派"的意思。所以，在这个世界上，男人的任务就是修理并看守上帝的产业。

为了使男人完成修理看守的任务，上帝赐给他们比女人更加理性的思维。因此，比较而言，男人更理性，女性则更感性，比较情绪化。认识到这一点，在家庭需要作决定的时候，丈夫就需要站出来，安慰妻子的情绪，教导孩子，使混乱的情形平定下来，冷静地作出决定。

为了使男人完成修理看守的任务，上帝赐给他们比女人更加强健的身体。他们有着比女人较为粗壮的肌肉、坚实的骨骼和宽阔的肩膀。上帝要男人无论在外面还是在家里都要多承担重体力劳动，家里的脏活、累活、危险的活，男人都应该顶上去，冲在前面。如果让女人干这些活，实际上就是男女间不平等了。

你们作丈夫的，要爱你们的妻子，正如基督爱教会，为教会舍己。
——《以弗所书》

我过去不知道这些，结婚以后，常常为谁带孩子、谁买菜做饭这些琐碎的事情与妻子讨价还价。那时候，我们用的是煤气罐，要自己往楼上扛。七八十斤重的煤气罐，我妻子挪都挪不动，更不要说扛上楼。所以，家里换煤气必须等到我下班。这时候，我就觉得自己很伟大。举起煤气罐放在肩上，腾、腾、腾一口气扛到五层楼，往厨房一放，心想：要是你，三个加起来也扛不上来。所以，我觉得自己在家里做得已经很多，完全有理由可以多歇一歇，等妻子做得差不多和我平均的时候，再做一些别的家务。现在回想起来，我很为自己当初不够“男人”的想法和做法而惭愧。

当我明白了做男人要承担起“修理看守”的责任，每逢回到家里，两个人都很累的时候，我就会让老婆休息，自己去做饭。我只有一个儿子，心里虽舍不得让他干活，但是一想到以后他要“修理看守”，就对他说：“儿子，为了预备你以后承担起修理看守的职责，现在你去洗碗。”我常常教导他：丈夫是家庭的支柱，所以必须要吃苦在前，享受在后。

男人在家中承担好“修理看守”的职责有以下益处：

（1）通过培养自己的家庭责任感来增强社会责任感和使命感。

《论语·大学》说：“格物、至知、诚意、正心、修身、齐家、治国、平天下。”由此可知，建立好家庭，是在社会上担当好重任的基础。家庭是社会的细胞，男人肩负“修理看守”重任，首先要管理好自己的小家，才能进一步在社会上有所作为。也许有人认为：有人管不好家，却能管理好大的企业和组织。我这里不是说管理的能力，而是说在管理上的忠心，是品格。因为耶稣说人在最小的事上忠心，在大事上也忠心。保罗在《提摩太前书》说：“人若不知道管理自己的家，焉能照管神的教会呢？”[53]

（2）通过做家庭琐事培养自己一颗谦卑的心。

人若不做谦卑的事，就不能锻炼谦卑的心。尤其是在外面很有成就的男人更要注意这方面品格的锤炼。因为人就是那么有限，稍微有点成绩，就会沾沾自喜。虽然表面不说，但是内心的骄傲却是难免的。所以回到家里挽起袖子做那些最脏最卑贱的活儿，一定会有助于提醒自己：我不过是个普通的人。有人认为：我在外面一小时可以挣很多钱，这些琐碎家务事找个小时工或保姆，一二十块钱就解决了。你看，这种态度正暴露出你的自傲。如果你用金钱的多少来衡量时间的价值，那么说明你的价值观就是“有什么”的价值观。如果你把做卑贱的家务事用来打造自己的品格和性情，那么说明你更看重自己“是什么”。我几年前曾在美国家庭生活协会主席丹尼斯·雷尼（Dennis Rainey）先生家作客。他是美国鼎鼎大名的婚姻专家，并领导着一个庞大的全国性机构。可是那天他系上围裙，亲自为我们烤火鸡，并和妻子一起做各种菜肴。看着他熟练地操作，我联想到为门徒洗脚的耶稣。

（3）给妻子以安全感，使她感到被关爱。

当丈夫在家里做这些卑微的琐事时，妻子会感到“他真的很爱这个家！”，所以会很有安全感。可以说，男人做家务是向妻子示爱的最有效的方式之一。

（4）为儿女树立榜样，帮助他们明白在婚姻中丈夫应该做些什么。

男人在家里的行为会给自己的儿女造成重要的影响。他可以成为儿子的榜样，会让儿子懂得自己以后在家庭中的角色；他可以成为女儿未来丈夫的影子，为女儿提供一个“男人”的概念。

家庭的健康与幸福对于社会的稳定与和谐至关重要。现在，中国政府在强调要营造和谐社会。当每个家庭都治理好的时候，国家就会和谐安定，天下自然而然就太平了。

2. 女人的角色

妻子在家庭中的角色是做丈夫的帮助者。这并不是说女人不如男人重要，而是说这样的角色更适合女人发挥她的才智，也是上帝当初创造她的本意，当然，也能够因此蒙受更多的祝福。

我们从三个名称来看女人在家庭中所扮演的角色。

第一个名称是“配偶”，来自上帝。《创世记》里，上帝说:“那人独居不好，我要为他造一个配偶帮助他。”《圣经》中每提到一个人名或地名，都会在后面解释它的含义。“配偶”是女人的第一个名字，她要做的就是“帮助他”。

《圣经》中所说的“配偶”与我们现在所说的“配

偶”含义上有所区别。我们现在所说的“配偶”指夫妻当中的另一方。但是，《圣经》中所说的“配偶”意思是“助手”“帮助者”。这里的“配”是相对于“主”来说的。比如，我们将故宫的太和殿称为“主殿”，而称其两侧的殿为“配殿”；电影里面的主要角色称为“主角”，而其他角色叫做“配角”。

你们作妻子的，当顺服自己的丈夫，如同顺服主。因为丈夫是妻子的头，如同基督是教会的头，他又是教会全体的救主。教会怎样顺服基督，妻子也要怎样凡事顺服丈夫。

——《以弗所书》

《圣经》告诉我们，上帝造女人的真正目的是要女人帮助男人，完成上帝交给男人的任务。在英文版《圣经》中，“配偶”用的是“helper suitable”，意思是“相配的帮助者”。既然女人是男人的帮助者，说明男人肯定在许多方面不如女人，否则，上帝为什么要女人帮助男人呢？上帝让女人在某些方面比男人强，为的是让女人用自己的这些长处去帮助男人。妻子在家庭中的角色就是帮助丈夫更好地看顾全家人，勉除他的后顾之忧，以便他更有效地修理看守上帝的产业。

上帝只给男人造了一个助手，因为这样对男人来说最合适，不仅足以满足男人的需要，而且能够帮助他完成“修理看守”的责任。所以说，妻子之外的女人是“多余的”。男人要好好地爱自己的妻子，不可以贪恋其他的女人。

第二个称呼是“女人”，来自亚当。我们从《圣经》中可以看到，上帝已经将起名字的权力交给了亚当。《创

世记》记载了亚当的话："这是我骨中的骨，肉中的肉，可以称她为女人，因为她是从男人身上取出来的。"[54]"女人"的意思是：从男人身上取出来的。

女人是从男人身上出来的，最终还要回到男人那里，所以我们看到女人有很强的归属感，需要得到关爱保护。对于女人来说，这个世界有一个男人真心实意地爱我，珍惜我，"我是属于他的"，"我是他的女人"，这是最让女人感到满足的。否则，即使她成了女王，这种归属感若不能得到满足，她也会觉得自己很失败、很失落、很孤独。

中国人传统的做法是，让女孩子从小在自己的闺房里学习琴棋书画，学习做针线活，时刻提醒她们要温文尔雅，举止矜持。这么做的目的就是为了磨炼女孩子的恬静温柔的性情，学习将来怎样做女人。其实，这就是早期婚姻的预备。

我们知道，男女有别，各自有着不同的性情特点。然而，有些女孩个性张扬，穿着暴露，性情强悍，失去了女性内在的阴柔之美。

有很多女孩子问我："袁老师，告诉我怎么才能找一个好丈夫。"我说，你要先预备自己做一个好妻子。女孩子应当好好培养安静温柔的性情，谦卑顺服的心态，学学做饭、学习如何料理家务……这都是在学习做女人，婚姻的成功，不只是要找合适的伴侣，更加重要的是你自己也要做一个合适的伴侣。我发现来找我协谈的年轻人，都在寻找一位完美的配偶，而未曾考虑到这位配偶是否适合他（她）。

——艾芙·纳森

也是在预备你的婚姻。

当你安心地这样做，学着做一个女人的时候，当你越来越像个女人的时候，上帝就会把属于你的男人带到你面前来。所以，对象不是找来的，而是上帝赐给你的。你应该耐心等候，并且要反省一下自己：我还有哪些方面没有准备好？在单身的时候你有比较多的时间可以自己支配，要预备自己，不断提高自己的素质，学习做女人。

很多女人结婚后告诉丈夫："我从来没有自己做过饭。"这怎么行？大城市中，很多家庭都是男人做饭。不是说男人不能做饭，而是说，男女应当各自担当起自己的责任来。保罗在《提摩太前书》说："我不许女人讲道，也不许她辖管男人，只要沉静。"[55]这是在告诫女人男女是有别的，男人做的一些事情女人不要做，更不要辖管男人。因为女人要辖管男人，就必须比男人更"男人"，否则便管不住男人。如果你总是做这些很"男人"的事情，久而久之你就会越来越有"男人味"了，举止言谈都会向男性化发展。

第三个称呼是"夏娃"，同样来自亚当。《创世记》记载："亚当给他的妻子起名叫夏娃，因为她是众生之母。"[56]这就是女人要扮演的一个角色：众生之母（做母亲）。

生养孩子是上帝给女人的责任，孩子是上帝的祝福。

孩子更是夫妻“二人成为一体”的具体体现。在生养孩子的过程中，虽然有许多的苦难和操劳，但上帝通过儿女给夫妻很多无可替代的喜乐。

有人问我：“生个孩子，我还能不能工作？”

我说：“配偶、女人、母亲，如果你既能担任好这三个角色，还能工作，你真是超女。一般能够担任好这三个角色，你也就筋疲力尽了。”

有人说：“我上了四年大学，到头来只做个专职妈妈，书不就白读了吗？”我说：“不白读。幼儿园里，一个中专毕业的老师带十几个孩子，而你一个本科生妈妈带一个孩子，你的孩子会多得多少祝福？！“有谁能比妈妈更爱孩子，更在意孩子，对孩子的需求更敏感？”

也许有人认为这是资源的极大浪费。实际上，有这样观点的人低看了自己孩子的价值。他们认为工作、事业或者金钱比孩子更重要，所以宁可花时间做这些事情，却不愿在自己的孩子身上多花费时间。对孩子的爱不能用金钱衡量，而应该用时间和接纳衡量。你不舍得在孩子身上多花时间，只好把他交给保姆或爷爷奶奶。久而久之，孩子和父母之间失去了亲密关系。

我在韩国工作过几年。我看到韩国很多的女人生了孩子之后要回到家里专门养育孩子，其中好多都是硕士、博士。她们认为幼年的教育对孩子的一生十分关键，所以需要有人全时间地关注孩子。而在这方面，妻子比丈夫更合适。

妻子应该按照《圣经》原则，从三个角度为自己定位：做好配偶，听从上帝的安排；做好女人，满足丈夫的需要；做好妈妈，满足儿女的需要。当你做好这三个职责时，上帝定会祝福你的家庭和后代，而且你会得到全身心的满足。当你看到自己婚姻美满，儿女健康成长时，你会由衷地感叹：做女人简直太好了！

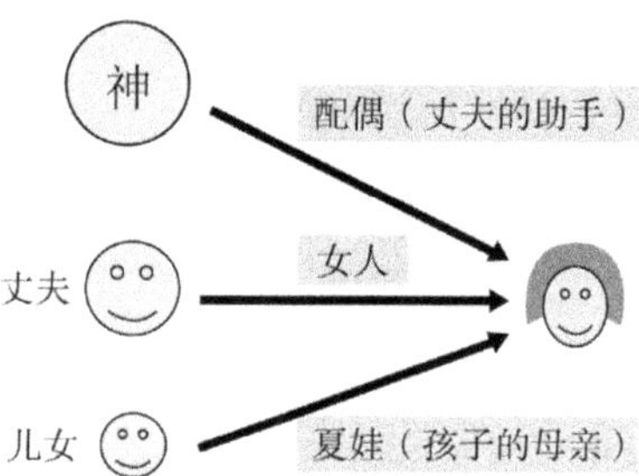

图七 女性的三种称呼

《以弗所书》说："你们作妻子的，当顺服自己的丈夫，如同顺服主。因为丈夫是妻子的头，如同基督是教会的头，他又是教会全体的救主。教会怎样顺服基督，妻子也要怎样凡事顺服丈夫。"[57] 妻子要想做到顺服并不容易。顺服有思想、有才干的丈夫还容易些，但是有

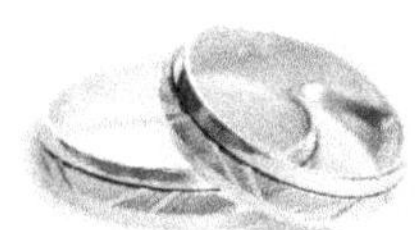

些丈夫在妻子的眼中确实不怎么样，这时该怎么办？如果因为丈夫是一个很棒的男人而顺服他，那她对丈夫就不是顺服，而是佩服。顺服是虽然心里不愿意，但是仍然要听从。

现在，很多女人在外面叱咤风云，女经理、女董事长、女官员不断出现，她们的共同特点是：性格都很男性化。于是回到家里，她们会想：我比老公能干，我当然在家里就得说了算。其实，很少有哪个男人甘愿娶女强人做老婆。女人在家里一手遮天，这样的家庭难以幸福。《北京晚报》2006 年 8 月 21 日刊登一篇文章：《研究发现富婆更易离婚》。就是讲妻子成功后自然会对丈夫轻视，然而这一事态的发展势必对和谐的婚姻造成威胁。

温柔是女人的法宝。“女人要沉静学道，一味的顺服。”[58] 这是保罗写给女人的智慧之言。

《箴言》说：“智慧妇人，建立家室。愚妄妇人，亲手拆毁。”[59] 女人要不断操练自己，懂得如何建立幸福的家庭。

三、夫妻秩序混乱的后果

《圣经》规范了丈夫和妻子的次序：丈夫修理看守，

要爱护并保护妻子，在婚姻中起带领作用；妻子要做丈夫的助手，帮助管理这个家，并要顺服丈夫。这是一幅十分和谐的美景。然而，这样的美景后来被破坏了。

《创世记》说："你必恋慕你丈夫，你丈夫必管辖你。"[60]这里的"恋慕"不是"爱恋羡慕"的意思，而是上帝给夏娃的咒诅，所以一定是个贬义词。它的意思是"觊觎"，即偷偷地惦记着要得到手，例如大臣觊觎国王的王位。

原来，当罪进入人里面的时候，人的心开始变了。以前心甘情愿帮助丈夫的那个妻子，现在对丈夫的权柄有了非分之想。她不再顺服丈夫的带领，而是企图掌控他，迫使他按照自己的意愿行事。更令人痛心的是，那本来关爱妻子的丈夫，看到妻子向自己的权柄发起挑战，顿时失去了安全感，而开始全力镇压妻子。于是，和谐的婚姻关系变成一个夺权与反夺权、控制与反控制的争斗。

《圣经》将上帝在婚姻中设立的次序清楚地告诉了我们。这就好比交通规则，它只有一个目的，就是保护行人的安全。这完全是从因为爱护而设立的。但人们对婚姻的态度和对待交通规则一样，不仅不尊重规则和次序，反而肆意地破坏。正如《以赛亚书》说："我们都如羊走迷，各人偏行己路。"[61]在家庭生活中，丈夫是"头"

（带领者）。丈夫要做仆人式的带领者，要做到吃苦在先、享受在后，而且要承担保护及带领、支撑全家的责任。妻子要做一个顺服的女人，做丈夫的好助手。然而实际生活中，人们的心里存在很多误区。

- 误区一：我们家不需要带领者。
- 误区二：我们俩全是带领者。
- 误区三：谁能干，谁就是带领者。
- 误区四：谁贡献大，谁说了算。
- 误区五：谁在社会上更有发展前途，就以谁为主。

如果一个家庭信奉以上任何一个理念，我敢肯定地说，这个家庭如果不是争斗不断，就一定是阴盛阳衰的境况。

第七章

不是一家人，不进一家门

将我放在你的心上如印记，将我带在你手臂上如戳记；
你的爱情坚贞胜过死亡，众水不能息灭不能淹没。

——赞美诗《盟约》

首先声明，这一章是专门为未婚的基督徒所写的，是为了警示他们：在选择配偶的时候，信仰的情况是需要最优先考虑的问题。但这里所说的不包括结婚以后，夫妻一方接受基督信仰的情况。因为圣经强调婚姻是终身的盟约，已经进入婚姻关系的双方是不能人为地撕毁盟约的。

从前面几章的讲述中我们知道，婚姻是“二人成为一体”，这种一体不只在肉体和情感上的合一，乃是从灵、魂、体合三而一的结合。在有共同基督信仰的婚姻里，夫妻二人能在圣灵的带领下逐步走向生命的合一，一同成为基督的身体；若二人的信仰不同，那么夫妻就不可能有灵里的合一。而灵里的合一是彼此间真爱的基础。婚姻是终身的盟约，共同在上帝面前所立的婚约有助于成就夫妻一生一世的真爱，有助于婚后夫妻关系的经营，进而有助于夫妻灵性生命的成长。信仰的不同会造成两个人在价值观、人生观、情爱观、交友观和金钱观等都有所不同，夫妻必然会在许多决定上有所冲突，有时甚至会很激烈，令双方痛苦不堪。

不是一家人，
不进一家门。
——俗语

在本章，我们将详细讲述“信与不信不要同负一轭”的圣经依据。

一、信仰一致的婚姻

《哥林多后书》说："你们和不信的原不相配，不要同负一轭。义和不义有什么相交呢？光明和黑暗有什么相通呢？基督和彼列有什么相和呢？信主的和不信主的有什么相干呢？"[62]

保罗在此要求信徒不要与非信徒建立有约束力的关系，因为这会削弱信徒对基督的热爱、操守和标准。尽管保罗希望信徒能够主动地向非信徒见证基督，但是，他教导信徒不应与非信徒建立可能影响信仰的个人或商业性的关系。因为这样的关系不仅会影响基督徒生命的长进，甚至会导致你与基督关系的冷淡。婚姻是夫妻二人一生之久的盟约，尽管保罗鼓励基督徒妻子要和非基督徒的丈夫共同生活，基督徒的丈夫要和非基督徒的妻子共同生活，但对于尚未进入婚姻这个终身盟约的男女，保罗所强调的原则是：信与不信的之间本"不相配"，"不要同负一轭"，"不相干"。

圣经中强调不能与不信的进入婚姻关系，这一原则不是从新约时代的圣徒保罗开始的，其实，早在《创世记》里，神已经指出不同信仰的男女通婚会有什么严重的后果。

《创世记》说："当人在世上多起来，又生女儿的时候，神的儿子们看见人的女子美貌，就随意挑选，娶来为妻。耶和华说：'人既属乎血气，我的灵就不永远住在他里面，然而他的日子还可到一百二十年。'那时候有伟人在地上。后来神的儿子们和人的女子们交合生子，那就是上古英武有名的人。"[63]

1."神的儿子们"指谁?

这段经文中提到"神的儿子们"这一概念。我们都知道耶稣是上帝的独生子，那么怎么有出现"神的儿子们"呢?圣经中将凡求告耶和华名的人都称之为"神的儿子"，那么，哪些人是"神的儿子"呢?

在旧约时代，亚当虽然犯了罪，但是圣灵却没有离开他，我们可以看到亚当经常求告耶和华的名，所以亚当是神的儿子。但是，由于亚当已经犯罪，所以他是一个里面有圣灵的罪人。在这种情况下，他和夏娃所衍生的后代就出现这样的明显不同：有的会比较属灵，有的则比较属肉体。

当属肉体的大儿子该隐因为嫉妒杀害属灵的二儿子亚伯之后，该隐的后代就继续地繁衍，而亚伯这一支就断了血脉。亚当看到这样的光景很是痛心，就求告耶和

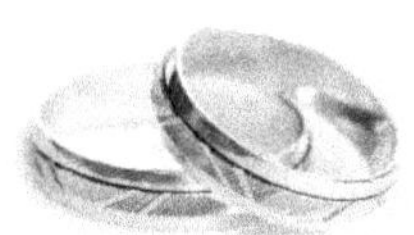

华再给他一个属灵的儿子来代替亚伯。于是上帝就让夏娃又生了一个儿子塞特。“亚当又与妻子同房，她就生了一个儿子，起名叫塞特，意思说：神另给我立了一个儿子代替亚伯，因为该隐杀了他。塞特也生了一个儿子，起名叫以挪士。那时候，人才求告耶和华的名。”

圣经中没有说塞特的属灵状况，但是清楚地告诉我们：从塞特的儿子以挪士开始“才”有人求告耶和华的名。也就是说，在以挪士之前除了亚当（可能还有夏娃），已经没有人再求告耶和华的名了，因为属血气的该隐的后代在不断地繁衍，而且与上帝越来越疏远。以挪士求告耶和华的名，所以他是神的儿子，但以挪士这一支的繁衍状况很像他祖先的情形：他的后代有的像属灵的亚伯、有的像属血气的该隐。圣经中还特别地提到两个以挪士的后代是与神同行的：以诺和挪亚。“以诺生玛土撒拉之后，与神同行三百年，并且生儿养女。以诺共活了三百六十五岁。以诺与神同行，神将他取去，他就不在世了。”

记载“惟有挪亚在耶和华眼前蒙恩。挪亚的后代记在下面。挪亚是个义人，在当时的世代是个完全人。挪亚与神同行。”

圣经所表达的意思是非常清楚的：那时候的世界上，不求告耶和华名的人要比求告的多得多。也就是说“神的儿子们”是很少的。然而，令人遗憾的是：即便如此，这些原本不多的“神的儿子们”也不是以心灵的状况作为选择配偶的标准，而是根据外表美丽与否——他们“看见人的女子美貌，就随意挑选，娶来为妻”。

2.“人”和“人的女儿们”及其特点

《创世记》中提到的人指的是不求告耶和华名的人，就是该隐的后代，以及以挪士的后代与该隐的后代通婚而衍生的后代。

这样的人共同的特征就是血气十足。我们现在看一看圣经对他们性格特点的描述，从中或许可以看到我们今天的人身上很多的原罪。

“亚伯也将他羊群中头生的和羊的脂油献上。耶和华看中了亚伯和他的供物，只是看不中该隐和他的供物。该隐就大大地发怒，变了脸色。”[64]因为弟弟的祭物比自己的好就生气，这是属血气之人的特点之一：嫉妒。

不仅生气，而且还大大地发怒，变了脸色，这是属血气之人的特点之二：易怒。

“该隐和他兄弟亚伯说话，二人正在田间，该隐起来打他兄弟亚伯，把他杀了”。该隐和弟弟的身高可能差不多，真的打斗起来不见得真能战胜弟弟，所以他

暗动杀机，假装与弟弟亲近地谈话，出其不意地攻击对方。这是属血气之人的特点之三：阴险、诡诈。

因为这么一点小事就至于取亲弟弟的性命，这是属血气之人的特点之四：冷酷、残忍。

“耶和华对该隐说：‘你兄弟亚伯在哪里？’他说：‘我不知道！我岂是看着我兄弟的吗？’”明明是他杀了弟弟，并且掩埋在地下，可是上帝问他，他却说不知道，这是属血气之人的特点之五：欺骗、撒谎。

“‘你如今赶逐我离开外地，以至不见我面。我必飘荡在地上，凡遇见我的必杀我。’”刚才杀人的时候如此“勇敢”，然而却是个贪生怕死的胆小鬼，这是属血气之人的特点之六：胆怯、心虚。

“该隐与妻子同房，他妻子就怀孕，生了以诺。该隐建了一座城，就按着他儿子的名，将那城叫做以诺。”旧约圣经记载，以色列人给地方命名常常是纪念上帝在那里的作为，是为了让后人不忘耶和华的恩典，可是该隐却用自己的儿子来命名城市。《诗篇》说：“他们心里思想，他们的家室必永存，住宅必留到万代。他们以自己的名，称自己的地。但人居尊贵中不能长久，如同死亡的畜类一样。”[65] 以人的名字给城市命名，是抢夺上帝的荣耀。这是属血气之人的特点之七：荣耀自己。

“拉麦娶了两个妻，一个名叫亚大，一个名叫洗拉。”

上帝当初只为亚当造了一个夏娃，没有多造几个女人给亚当，就是告诉我们一夫一妻的婚姻是最合上帝的心意的。但是，该隐的后代拉麦不满足于上帝所给他当得的份，而要满足自己无止尽的欲望，一个人娶了两个妻子。这是属血气之人的特点之八：贪婪（尤其在性方面）。

“亚大生雅八，雅八就是住帐棚牧养牲畜之人的祖师。雅八的兄弟名叫犹八，他是一切弹琴吹箫之人的祖师。洗拉又生了土八该隐，他是打造各样铜铁利器的。土八该隐的妹子是拿玛。” 这里的三个“八”（雅八、犹八和土八该隐）都是该隐的后人，你会发现他们都开始要拥有个人的财产并发展个人的技能，就是我们在前面章节中所说的“有什么”（to have）和“做什么”(to do)。

认真品味这段经文，再对照现代人普遍的生活追求，你就会恍然大悟：原来几千年来人的追求从鼻祖到现在竟然惊人的相似，基本没有什么改变：

从住帐篷牧养牲畜到今天的房产、企业、财富，这是属血气之人的特点之九：要有舒适的安身之所，要有挣钱谋生的手段和渠道。

从弹琴吹箫到现代的各种艺术和娱乐，这是属血气之人的特点之十：要享受丰富多彩的精神文化生活。

从打造铜铁利器到今天的军事力量，这是属血气之

人的特点之十一：要有自卫能力。

请不要误会，这里绝不是说拥有个人财产和发展个人技能不好，而是像我们在前面章节所强调的：要看你追求这些的目的是什么——是要发现并发挥出上帝给你的潜能，来彰显上帝的荣耀，还是要远离上帝而依靠自己的能力，把命运掌握在自己的手里，将安全感建立在自己眼睛看得见、手摸得着的东西上?

“拉麦对他两个妻子说：‘亚大、洗拉，听我的声音，拉麦的妻子细听我的话语：壮年人伤我，我把他杀了；少年人损我，我把他害了。’”

在福音书中，基督耶稣告诉我们要饶恕别人的过犯，要为那逼迫我们祷告。然而，拉麦在这里却是“顺我者昌，逆我者亡”、“只许我负天下人，而不许天下人负我”，这是属血气之人特点之十二：极端自私和残暴。

“若杀该隐，遭报七倍；杀拉麦，必遭报七十七倍。”[66] 当该隐杀了弟弟亚伯，随后又怕遭到别人报复时，“耶和华对他说，凡杀该隐的，必遭报七倍。耶和华就给该隐立一个记号，免得人遇见他就杀他”[67]。上帝不允许人自行报复，因为那会引起无止尽的杀戮。上帝是公义的，他会对犯罪的人做出审判。所以保罗在说：“亲爱的弟兄，不要自己伸冤，宁可让步，听凭主怒。因为经上记着，主说，伸冤在我。我必报应。”[68] 所以，上帝对报复的人会实行更加严厉的惩处。而拉麦不仅要自己报复所有伤害自己的人，而且报复的强度竟然高过上帝审判的十倍。这是属血气之人的特点之十三：报复心理极强。

如果我们发现自己的现实生活中存在某些上述情况，应该醒悟到自己的确是生活在血气当中了。

至此，我们明白了两个概念：一个是“神的儿子”的概念，另一个是“生活在血气中的人”的概念。

《创世记》说：“神的儿子们看见人的女子美貌，就随意挑选，娶来为妻。” 我们从这里看到，虽然这些神的儿子们信靠耶和华，但是在他们选择一生当中最为重要的盟约对象时，完全抛弃了灵性方面的标准，而是随着眼目的情欲，只以外在的美貌作为择偶的标准。当然，也包括神的女儿们看见人的儿子们英俊，就随意挑选，嫁与为妻的情况。

3. 不要被眼前的实惠吸引

《创世记》记载：“那时候有伟人在地上，后来神的儿子们和人的女子们交合生子，那就是上古英武有名的人。”

我们现代人都知道所谓的“优生学”：如果找漂亮

的配偶，后代的面容就很可能会俊美；如果找高挑的配偶，后代的体型就很可能会提升；如果找聪明的配偶，后代的大脑就很可能会伶俐。

当然，这只是一般的规律，不是绝对的。我几次听到过同一个故事，主人公的名字却不一致，我也无从查考其真实性，就暂且把他归到萧伯纳的名下吧：当萧伯纳在美国名声大振的时候，有一位美丽的芭蕾舞演员向他示爱，说："萧伯纳先生，我们两个应该结婚。"萧伯纳问她为什么，她说："我们俩结婚后，生的孩子体型容貌像我，头脑聪明像你，那将是多么理想的人啊！"萧伯纳回答说："那当然好。可是小姐，万一生的孩子体型容貌像我，而头脑像你，怎么办？"

不要以为这只是个笑话，确实有这种弱点遗传的可能性。当然，如果夫妻二人是漂亮加漂亮、聪明加聪明的话，那么，生出"伟人"和"英武有名的人"几率会更高一些。

事实也的确如此：当神的儿子们以外表的条件为择偶标准的时候，他们的后代果然在身体的各个方面有了很好的发展：身材高大，容貌秀美，头脑聪明。然而，恰恰是这些优越的外在条件，使得他们的内心越来越骄傲，越来越不愿依靠神——行为越来越堕落，罪恶越来越深重。

其实，我们大家可以自己看看自己身边的情况：那些在先天条件方面比他人具有某些优势的人，通常会在社会上非常亨通，似乎条条大路都是为他们设立的。他们很容易成为各时代“英武有名”的人，成为人们追逐的对象和崇拜的偶像。但遗憾的是：在这种生活的顺境中，骄奢淫逸之风很容易浸淫到他们的骨头当中。属世的血气也会表现得越来越厉害。我们都知道：越是英武有名的人就越容易产生“老子天下第一”、“舍我其谁”的心态，就越难以谦卑地寻求永恒的上帝。

但是不可否认，成为“伟人”和“英武有名的人”，对“神的儿子们”的诱惑同样是巨大的。尤其当“儿子们”灵性较弱的时候，他们不仅羡慕拥有这些优势的“伟人”，甚至会在他们面前感到自卑，就如当初以色列的探子们面对那些迦南地的居民时所产生的感受一样：

“探子中有人论到所窥探之地，向以色列人报恶信，说：‘我们所窥探，经过之地是吞吃居民之地，我们在那里所看见的人民都身量高大。我们在那里看见亚衲族人，就是伟人。他们是伟人的后裔。据我们看，自己就如蚱蜢一样。据他们看，我们也是如此。’”[69]

在那些“伟人”面前，以色列人完全忘记了上帝的应许，被表面的情况所震慑而斗志全无。结果是上帝让他们在旷野中流浪了四十年，不得进入迦南应许之地。

现在再来看，为什么那么多的年轻基督徒感到在主内找不到“合适的”对象就不足为奇了。因为在他们的眼睛里，“合适的”都在“人”的儿女当中。我们一定要学到以色列人的经验教训：“以色列人在旷野走了四十年，等到国民，就是出埃及的兵丁，都消灭了，因为他们没有听从耶和华的话。耶和华曾向他们起誓，必不容他们看见耶和华向他们列祖起誓，应许赐给我们的地，就是流奶与蜜之地。”[70]

记住：轻看应许、重视外在条件的结果，将不能进入流奶与蜜的迦南地。

4. 随意通婚的严重后果

后果之一，是造成“求告耶和华名的人”越来越少。

到了挪亚的时代，除了挪亚，再没有第二个求靠耶和华名的人了。“耶和华见人在地上罪恶很大，终日所思想的尽都是恶，耶和华就后悔造人在地上，心中忧伤。耶和华说：‘我要将所造的人和走兽，并昆虫，以及空中的飞鸟，都从地上除灭，因为我造他们后悔了。’惟有挪亚在耶和华眼前蒙恩。”[71]

后果之二，是招来上帝的震怒而造成整个世界的毁灭。

在这样的情况下，神不得不把挪亚与全然败坏的世界分别开，用方舟拯救了挪亚以及挪亚的妻子、三个儿子和三个儿媳妇，共一家八口，而用洪水将这世界的人和地一并毁灭。“世界在神面前败坏，地上满了强暴。神观看世界，见是败坏了。凡有血气的人，在地上都败坏了行为。神就对挪亚说，凡有血气的人，他的尽头已经来到我面前。因为地上满了他们的强暴，我要把他们和地一并毁灭。”

有些人为和他们所爱的人结婚这件事情祷告，而我却有所不同：我谦卑地祷告，祈求上帝能够让我爱和我结婚的人。

——安诺克·艾米

这就好比是一个农民，当他看到自己辛辛苦苦开垦的土地长满了野草，而只有一棵禾苗的时候，他爱惜那唯一的禾苗，就将它移出那地，而用火将地上的野草烧尽。当然，他不会将那棵禾苗单独地薅出来，那样的话，禾苗不能存活。他要保护禾苗的根，连同它生长的土壤一并挖出来才行。然而，由于禾苗的根与周围最近的野草的根盘结在一起，不能分开，因此农民会将这些野草一起移出。那么可以说，另外的七个人得救完全是因为义人挪亚的缘故。

后果之三，是圣灵的离开以及人类寿命的大幅度缩短。

“耶和华说：“人既属乎血气，我的灵就不永远住在他里面，然而他的日子还可到一百二十年。”

本来，上帝用地上的尘土造了亚当之后，往他的鼻

孔中吹了一口气，亚当就成了有灵的活人。圣灵住在人的里面，人的身体就成为圣灵的殿。可是，人犯罪之后，“耶和华见人在地上罪恶很大,终日所思想的尽都是恶”，圣灵所居住的殿变得越来越污秽。圣灵是全然圣洁的，当然就不能在这样的人里面居住，所以上帝的灵离开了人。神的灵“不永远”住在人的里面了，而是神要使用那个人的时候，圣灵就暂时进入到他的里面。但是，如果这个人悖逆上帝旨意，圣灵也会离开他。直到新约时代，当人接受基督的救恩之后，圣灵就进入到人的心里，而且永远不再离开。这是耶稣亲口给我们的应许：

“我要求父，父就另外赐给你们一位保惠师，叫他永远与你们同在，就是真理的圣灵，乃世人不能接受的，因为不见他，也不认识他；你们却认识他，因他常与你们同在，也要在你们里面。我不撇下你们为孤儿，我必到你们这里来。[72] 上古时代，因为自然环境没有污染、食物洁净以及圣灵的同在，人原本能活到将近千岁：

“亚当共活了九百三十岁就死了。”[73]

“塞特共活了九百一十二岁就死了。”[74]

“以挪士共活了九百零五岁就死了。”[75]

“挪亚共活了九百五十岁就死了。”[76]

但随着人类道德不断地败坏，生活方式的不圣洁，以及人无止尽的贪欲和没有信心而造成对未来的焦虑，使得被圣灵所离弃的“殿”颓败，人的寿命大大降低。到如今，人过七十就“古来稀”了，过了八十岁的人就是所谓的老寿星了。我们很少看到活过100岁的人，120岁更是绝无仅有。

圣经真是太奇妙了，在几千年以前就预言：人的“日子还可到一百二十年”。现在，随着科学的进步，人们能够得到各种必需的营养和最先进的医疗保健，如果纷纷活过120岁的话，不就可以否定圣经的权威性了吗？可是，我们可以肯定地说：不论现代医学如何发达，吃什么长生不老的药，也根本没有这个可能。因为那真的是上帝所说的话。

感谢上帝，是他差派独生爱子耶稣基督道成肉身来到这个世界，为我们的罪死在十字架上，用他的宝血救赎了我们。我们接受他的救恩后，圣灵进入到我们的里面并永远不再离开，从此我们就成为新约时代“神的儿女”。但是，我们也面临着和创世时代“神的儿子们”一样的挑战。“不要同负一轭”在今天还有没有现实意义？

每当我宣讲这个话题的时候，年轻的基督徒们会提出许多的问题：

问题一：是否可以通过结婚来拯救自己的“另

一半”？

年轻人经常问我：可不可以找合乎我心意的非基督徒，然后再引导他成为基督徒呢？这个问题很关键，因为这是回答其他问题的基础。

（1）用简单的数学计算法：一个“得救的罪人”与一个“活在罪中的人”的结合，灵与肉的力量对比是1比3。

我们知道，当一个人接受基督信仰的时候，他是一个得救的罪人。圣灵刚进入他里面，他的信心就像芥菜籽一样小。但从那一刻起，在他的里面，圣灵与他的肉体就开始了无止尽的争斗。“因为情欲和圣灵相争，圣灵和情欲相争，这两个是彼此相敌，使你们不能作所愿意作的。”[77]

比方说，当一个人没有成为基督徒时，他灵与肉的力量对比是0比2。当他在信仰上比较成熟时，灵与肉的力量对比也许会达到1 ∶ 1。如果他和一个不是基督徒的异性结婚，对方灵与肉力量的对比是0比2。这样，两个人加在一起，灵与肉的力量对比是多少？ 1比3。如此一分析便会看出，当婚姻中面对诱惑与试炼的时候，很可能会按照肉体行事，因为力量对比太悬殊了。

（2）随从自己的意思而忽视《圣经》原则的态度，

恰恰说明灵性的软弱。

做重大决定的时候，成熟的基督徒不相信自己的感觉，而是相信《圣经》所说的话语。《圣经》上的原则是正确的，永远不变的。当你站在公交车上，手要紧紧地抓住把手，以防止摔倒。如果你站在车上不抓住把手，而是想凭借调整自己身体的重心来保持站稳，是非常危险的。《圣经》原则就如同“把手”，能够让你在生活中站稳。

如果一个基督徒被一个不是基督徒的异性所具有的外部条件所吸引，无视“信与不信不能同负一轭”的原则，坚持与之结婚，这本身就充分说明他在灵性方面是比较软弱的。他在今后婚姻生活中遇到客观环境的压力时，在原则问题上更可能倾向于妥协。

（3）越是“自己以为站得稳的人”，越是最容易跌倒。

有很多年轻基督徒说：“我从小就在基督家庭里长大，基督的真理都扎根在我心里了，我只可能影响他，他绝对不可能影响我。”

《哥林多前书》提醒这些“自信”的人说：“所以，自己以为站得稳的，须要谨慎，免得跌倒。”[78] 那些不相信自己的控制力而远避一切诱惑的人是最不容易跌倒的，因为他们知道不能给魔鬼撒旦诱惑的机会。那些以为自己很刚强、决不会出问题的人恰恰最容易出问题。

耶稣是这样的祷告的："不叫我们遇见试探，救我们脱离凶恶。"我们每一个人都应该记住：不要过于自信，要知道在某种程度上说我们都是软弱的人。

在择偶的问题上，"自以为站得稳"的人应当倍加小心，要仔细思考一下《圣经》原则。

（4）堕落容易，成圣难。

当以色列人从被掳之地返回到耶路撒冷时，他们中间很多人都参加了圣殿重建的工作。这的确是极荣耀的事情。但是，许多以色列人却因此而产生了错误的观念，他们以为自己从事着圣工，自然而然地就圣洁了，于是产生了骄傲。其实，这也是今天普遍存在的错误倾向。许多基督徒以为自己每天都在从事福音的工作、教会的工作，就自然而然地成圣了。所以，他们每天都忙于做圣工，希望自己因此圣洁。然而，《哈该书》说："万军之耶和华如此说：你要向祭司问律法说，若有人用衣襟兜圣肉，这衣襟挨着饼，或汤，或酒，或油，或别的食物，便算为圣吗？"祭司说："不算为圣。"哈该又说："若有人因摸死尸染了污秽，然后挨着这些物的哪一样，这物算污秽吗？"祭司说："必算污秽。"于是哈该说："耶和华说：这民这国，在我面前也是如此；他们手下的各样工作都是如此；他们在坛上所献的也是如此……"[79] 上帝借着先知哈该告诉我们：即便如此，也“不算为圣”。而且，我们接触社会上许多的污秽，会不会受到污染呢？答案是肯定的：“必算污秽”。人们不会因为从事圣工而必然成为圣洁，却会因为经常接触不洁的人和事物而受到污染。人生如逆水行舟：成圣很难，堕落却十分容易。

这从另一个角度告诫我们：信与不信同负一轭时，消极影响常常会大于积极影响。

上帝在圣经中再三告诫以色列人不可与外邦人通婚，正是这个道理。

问题二：《圣经》中有一些基督徒与非基督徒通婚的情况，这又当作何解释呢？

《旧约》中所记载的喇合和路得都是外族女子，她们嫁给以色列人；以色列女子以斯帖也嫁给了外邦人的王。她们不都是上帝所喜悦的吗？

这是普遍性与特殊性的问题。比如，遇到红灯时，车辆都要停下来，但是警车、消防车、救护车、道路工程车等在紧急情况下可以不停车。

上面说的这些特例是为了正义或公益的目的，才不会破坏法则的权威性。如果是为了个人的私欲，则使人们丧失对法则的信任，就如中国历史上周幽王“千金买笑”使烽火台失去效力。以斯帖的破例是上帝特别的安

排，为在危机的情况下挽救整个以色列民族。

妓女喇合不仅接受了以色列人的信仰，而且异常坚定，所以她才会冒着危险解救以色列人。研究一下《约书亚记》我们可以得知，喇合在相信上帝之后才嫁给犹大支派的撒门，她不仅生养了波阿斯（路得的丈夫），得到上帝大大的赐福，并且在耶稣基督肉身的家谱中有分。可以说，喇合不属于基督徒与非基督徒通婚的情况。

路得也是外邦人。《圣经》虽然没有提及路得与拿俄米的儿子结婚时是否已经信仰上帝，但是可以看到她的信心十分坚定。她告诉婆婆拿俄米说："你往哪里去，我也往哪里去；你在哪里住宿，我也在哪里住宿；你的国就是我的国，你的神就是我的神。"路得后来嫁给了波阿斯，记入耶稣基督肉身的家谱。从路得的经历中可以看出，上帝为她安排了生活的道路，为了成就救赎人类的美好计划。

问题三：现实生活中，我们也曾见到基督徒与非基督徒通婚，后来不相信上帝的配偶成为了基督徒，这又当如何解释呢？"不要同负一轭"还有没有现实意义？

我认为也许可以分为几种情况：

（1）有些人结婚前不知道这一原则，那么不知者不为罪。保罗在《罗马书》中说："凡没有律法犯了罪的，也必不按律法灭亡；凡在律法以下犯了罪的，也必按律法受审判。”[80]而且，在上面这种情形下，相信上帝的一方一定做出非常好的见证，圣灵在不信上帝的一方心里工作，使他（她）成为基督徒。

（2）有些人结婚前虽然知道，但是并不十分清楚或者不确信这一原则，结婚后才明白真理。于是，他们谦卑自己的心，来到上帝的面前认罪悔改并求告上帝的怜悯。大有怜悯的上帝垂听了他们的呼求，赦免他们并施恩给不相信上帝的配偶，使他（她）成为基督徒。

（3）我们误以为他们是基督徒与非基督徒通婚，而实际上并非如此。

无论如何，信与不信“不要同负一轭”是上帝定下的律例，所以必须遵守。

知道这是上帝的诫命，我们便不可以“离弃道理”：有些基督徒认为自己接受了基督的救恩，能够上天堂（不下地狱）就可以了，今世的好处不想丢下，能得就得。他们虽然成为基督徒很多年，很熟悉《圣经》，敬拜聚会从不缺席，自己的生命却没有什么变化。尤其在择偶的问题上，他们以眼目的情欲为导向，看重对方的外部条件，一旦遇到了“心仪”的人，便以《圣经》中的特例作为借口，硬要与不信的人结婚。要知道，这种“离弃道理”的做法后果将是十分严重的。《希伯来书》说：

“论到那些已经蒙了光照、尝过天恩的滋味，又于圣灵有分，并尝过神善道的滋味，觉悟来世权能的人，若是离弃道理，就不能叫他们从新懊悔了，因为他们把上帝的儿子重钉十字架，明明地羞辱他。”[81]

打个比方你就会明白这样的道理。比如说你在一个残暴的奴隶主的管治下受尽了痛苦，有人看到你的疾苦，出于怜悯，付出巨额的赎金将你从奴隶主那里赎买出来。你不再是奴隶，而是一个自由的人了，应该像自由人那样生活，完全脱离奴隶的辖制才对。可是过了不久，你又自顾地回到奴隶主那里，甘愿重新过奴隶的生活。那么，那个为你支付赎金的人不会再赎买你了，因为你这样做是在明明地羞辱他。

“但从前你们不认识神的时候，是给那些本来不是神的作奴仆。现在你们既然认识神，更可说是被神所认识的，怎么还要归回那懦弱无用的小学，情愿再给他作奴仆呢？”[82]我们的身份与以前不同了：过去我们不懂得道理，现今我们已经清楚地知道了。这时，如果我们明知故犯，和不懂道理的人犯罪就不一样了。因为这样做显然是在羞辱我们的救主，轻视他为我们流血牺牲的价值。

《希伯来书》说：“因为我们得知真道以后，若故意犯罪，赎罪的祭就再没有了。”[83]这是多么可怕的事情！

所以，《希伯来书》警戒我们说："你们总要谨慎，不可弃绝那向你们说话的，因为那些弃绝在地上警戒他们的，尚且不能逃罪，何况我们违背那从天上警戒我们的呢？" 这也是在告诫我们要遵守上帝的命令。我们知道，公民要遵纪守法，否则就会被追究法律责任。同样，《圣经》上说，我们是"有君尊祭司"、"圣洁的国度"，应当听上帝的话。婚姻是人生中最重要的事情。上帝告诉我们信与不信"不要同负一轭"，我们要严格遵守。

问题四：教会里姊妹这么多，弟兄这么少，怎么可能找到丈夫？

每次婚恋讲座结束之后，我就会被一群未婚的年轻基督徒围住。姊妹们都说："弟兄太少了！到哪里去找同负一轭的丈夫！"弟兄们也在抱怨："姊妹虽然多，可是没有合适的！"如果真的是因为男女比例的问题，那么应该是弟兄都有对象，而姐妹找不到。而实际上无论是弟兄还是姐妹，都有大批的人找不到对象。所以说，不是因为比例的问题，而是因为他们都在抬头向上找，而不向下面看，怎么找得到？总之，都是凭着血气寻找合乎自己心意的，而没有让圣灵带领自己，也没有谦卑下来先预备自己。如果你的周围有许多异性基督徒供你

挑选，那么还要信心做什么？《希伯来书》说：“信就是所望之事的实底，是未见之事的确据。” 正是因为看不到，才需要由信心带领你。问题就在于：口中说“信”，心里不确定；头脑中知道上帝的应许，心中怀疑；一会儿信心百倍，一会儿犹豫不决。在此过程中，正需要你操练信心。

《雅各书》说：“只要凭着信心求，一点不疑惑；因为那疑惑的人，就像海中的波浪，被风吹动翻腾。这样的人，不要想从主那里得什么。心怀二意的人，在他一切所行的路上都没有定见。”[84] 上帝要让你通过亲身经历认识到：他是万物的主宰，是你的创造主。他要让你心悦诚服地认识到：婚姻是上帝为你预备的恩典，是白白给你的，而不是你凭着自己的能力或运气得到的。

《以赛亚书》说：“看哪，我要做一件新事，如今要发现，你们岂不知道吗？我必在旷野开道路，在沙漠开江河。”[85] 所以弟兄姐妹们，我们人生的最大意义在于恢复和建立与上帝的个人关系。你第二关系（婚姻）的建立过程，实际上是学习如何建立第一关系（信心）的功课，这是上帝真正的目的。除此之外，你的内心不能获得全然的满足。因为，人的“心”是无限大的，是不受时间和空间的限制的。我说五千年以前，你的心马上就跟我到了五千年以前；我说月亮的背后，你的心马上就到了月亮的背后。所以，一切有时间和空间限制的事物（包括婚姻）都只能使我们暂时或部分地获得满足，那全然的满足只能来自永恒的上帝。

《约翰福音》记载了这样一件事：“在耶路撒冷，靠近羊门有一个池子，希伯来话叫作毕士大，旁边有五个廊子。里面躺着瞎眼的、瘸腿的、血气枯干的许多病人。在那里有一个人，病了三十八年。耶稣看见他躺着，知道他病了许久，就问他说：‘你要痊愈吗？’病人回答说：‘先生，水动的时候，没有人把我放在池子里；我正去的时候，就有别人比我先下去。’耶稣对他说：‘起来，拿你的褥子走吧！’那人立刻痊愈，就拿起褥子来走了。”[86]

当耶稣问那个病了三十八年的人“你要痊愈吗？”，常年池边等待的生活已经使那个病人满脑子想的是：我只有进入到毕士大池水中才可能痊愈。所以他回答说：“水动的时候，没有人把我放在池子里；我正去的时候，就有别人比我先下去。”没有人帮助他，当他想靠自己的力量去做事，总有比他更有优势的人占了先机。

看，这不正是我们众多未婚的基督徒所处的光景吗？我们企盼着进入美好婚姻，以为只有这样才能够得到内心的满足，将婚姻当成了自己的“毕士大”。然而当我们定睛在现实生活中的客观环境时，我们发现自己

接触的范围太窄，选择的机会太少，自身的条件有限，没有人来帮助介绍撮合，靠自己的力量又难以成就。好不容易出现一个比较合适的人选，又被别人“抢”走了。所以，我们也像那个瘫痪病人一样，成天盼望着奇迹的出现——求上帝帮助自己成功地进入婚姻的“毕士大”。

耶稣比任何人都清楚那个病人的现状和需要，但是他没有问那个病人：“你要我帮你进入池子里吗？”而是直接要那个病人拿起他已经依赖了三十八年的“褥子”站起来行走。

同样，耶稣也比你自己更清楚你的需求，他要满足你的不仅仅是一个婚姻，乃是要你的内心能够得到全然的满足。所以说，我也不知道你凭信心是否一定能够找到心仪的配偶而结婚，但我知道，经过这信心的锤炼，你终会发现：进不进入生活中的“毕士大”对你来说已经不那么重要，因为你已经可以脱离那局限你多年的“褥子”，得以真正地自由了！

二、结婚之前

当恋爱中的情侣确定婚姻关系的时候，就要准备结婚了。结婚不能只是双方口头的约定，或者双方家长在一起吃顿饭，表示认可这个婚事了。终身大事不能就这样轻易决定，必须有正式的法律程序来确定二人的关系。

1. 要符合法定要求

一切的权柄都是来自于上帝。结婚必须在政府设立的婚姻登记部门登记。有的人认为，只要教会同意了，我们就可以举行婚礼；只要父母认可，我们就可以过夫妻生活；只要彼此愿意，我们就可以夫妻相称了。这都是不尊重婚姻的做法，是不行的。

- 二人确定夫妻关系，要符合政府婚姻法规定的年龄；
- 二人要亲自到政府部门登记；
- 要履行主管部门要求的一切程序，并提供必备的文件。

这些都是非常重要的。婚姻是要受法律保护的，没有经过政府部门认可的非法同居不仅没有保障，而且也是无视权柄的行为，是上帝所不喜悦的。基督徒要成为遵守国家法律的典范。《罗马书》说：“在上有权柄的，人人当顺服他；因为没有权柄不是出于神的，凡掌权的都是神所命的。”[87]因此，不顺服政府婚姻登记部门的权柄就是不顺服上帝，如果你这样做，上帝就不会

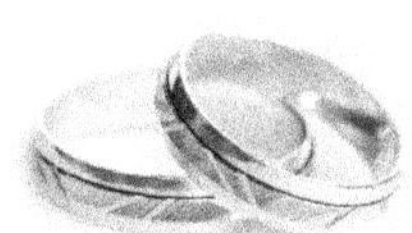

祝福你。

有一对基督徒男女说要离婚，来找我解决问题。与他们协谈过程中，我发现他们在一起生活了十多年，还有了两个孩子，可根本就没有履行过婚姻登记手续。我说你们这不是婚姻，充其量只能称为“同居”。连婚都没有结，离什么婚？什么事情随随便便地开始，也会随随便便地结束。我给他们讲解了《圣经》关于婚姻方面的教导，使他们懂得婚姻是关系到一辈子的大事，他们要做的不是离婚，而是马上补办结婚手续。我希望他们做完了这些，再来和我谈婚姻的问题。

后来，他们一起回家乡补办了结婚手续，没有再来找我。不久前，我听说他们的关系有了很大改善，还要补办婚礼。

2. 要得到父母的认同

婚姻稳定与否和父母的态度有很大的关系。在择偶问题上征求父母的认同，是儿女孝敬、尊重父母的表现。《申命记》说：“当照耶和华你神所吩咐的孝敬父母，使你得福，并使你的日子，在耶和华你神所赐你的地上得以长久。”[88]

首先，一般的情况下父母能够使你对自己的婚姻认识更清醒（有智障或品格很败坏的父母除外）。虽然你长大成人了，可以自己决定自己的终身大事，但是在做最后决定之前应该征求父母的意见。要知道，你有可能被爱情冲昏头脑，而父母有几十年的生活阅历，考虑问题往往比你更全面，看人的眼光比你更敏锐，他们常常能凭着直觉嗅到潜在的不安全因素。因此，父母有可能帮助你冷静下来，认真思考。

第二，“尊敬父母”是十诫中第一条带有应许的诫命，遵守这诫命的最大收益是蒙祝福并且健康长寿。从《圣经》中我们看到，雅各和以扫都争着要得到父亲的祝福；以色列（雅各）给约瑟的两个孩子祝福时，连哪只手按在哪个孩子的头上，约瑟都很在意的。可见父母带给儿女的祝福非常重要。父母对儿女婚姻的态度，对儿女日后的生活起着非常重要的影响。在父母不同意的情况下结婚，儿女的婚姻就会少了很多祝福。所以，为了得到更多的祝福，你必须要征求父母的同意。绝不应该无视父母的意见而自作主张结婚。

第三，尊重父母会使你的婚姻有一个良好的开端。婚礼上，新娘的父亲陪着女儿走过红地毯，将她交给新郎。这是一个激动人心的时刻，父亲把女儿养育成人，今后，会有另外一个疼她、爱她的男人伴随她的一生。但是，我曾经看到过这样的婚礼：父亲拒绝出席女儿的

婚礼，以表示对这桩婚事的不满。这样的婚姻一开始就在夫妻双方的心里蒙上了一层阴影。很简单的道理：日后夫妻发生矛盾和冲突时，双方父母的态度对这个婚姻是分是和起着重要作用。赞成的父母会极力维护和谐。反对的父母会说："我早就告诉你不能跟这样的人结婚，你就是不听，怎么样，现在明白了吧？"

可能有人会问：如果我们两个很相爱，父母就是不同意这桩婚事，难道我们就不能结婚了吗？——不是不能结婚，而是要耐心等待。要知道，这一定有上帝的美意在其中，上帝借着你父母的态度告诉你：你们结婚的时机还不成熟，彼此还需要有更多的了解，也需要再给父母一些时间来认识你所选择的人，直到他们能够接纳。有人说："那怎么行！等时间太长婚事'黄了'怎么办？"如果"黄了"，更说明你父母当初的意见是对的。否则，既便进入了婚姻，以后也会"黄"的。真正的爱情是经得起时间考验的。

3. 要深入了解对方

《创世记》说："因此，人要离开父母与妻子连合，二人成为一体。" 二人进入婚姻之后，要割断依靠父母供应的"脐带"，独立自主地去经营自己的家庭；而且二人不再是各自独立个体，而是合而为一。所以，在结婚之前一定要讲明自己的情况，也要了解对方的情况。

（1）身体健康情况。有没有什么身体上的缺陷、得过什么严重的疾病、现在康复的情况如何等。目前，有些地方政府部门要求人们在婚姻登记之前进行婚前健康检查，这不失为一个值得提倡并且应该受到尊重的措施。一个妻子曾对我们诉苦：丈夫婚前向她隐瞒了肝病的病史，结婚后不仅很多体力的劳动得由妻子来做，夫妻性生活也受到很大影响。她说："我知道应该接纳他，可是心里时常有上当受骗的感觉。面临压力的时候，这种委屈使我很难控制自己的情绪，所以夫妻关系很紧张。"

（2）债务情况。在订婚时，如果欠有外债必须要向对方清楚地说明。千万不要在结婚之后才让你的配偶明白：他（她）必须和你一起去偿还一笔数额不小的债务。那将是一个非常令人沮丧的事情。有一对夫妇找我来解决冲突，经过询问才了解到，问题的根源就在于丈夫为了能娶到这个女人，竟然借了10万元的外债。所以，恋爱的时候他出手大方，婚礼办得也很风光。当时女方觉得自己找对了人，婚后发现钱原来都是借来的，于是，为了一点小事二人就争斗不已，妻子动辄攻击丈夫的品格，丈夫却一肚子委屈：我当初还不都是为了你？

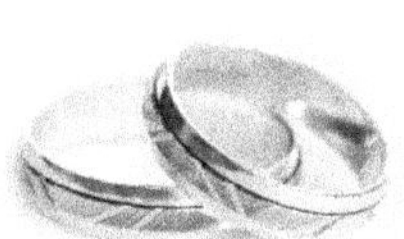

（3）人际关系情况。要让对方了解你的家庭背景，千万不要等结婚之后才让对方恍然大悟：

“噢，原来你还有一个呆傻的弟弟要我们来照顾！我不干，你自己过吧。”

“你怎么没跟我提起过这个坐牢的小叔？真让我没脸见人。”

记住我们在“接纳”部分所讲的，爱一个人不仅是欣赏他（她）的优点，更重要的是接纳他（她）的缺点、不足和失败——当然，其中也包括他（她）的主要亲属关系。

（4）两性关系情况。和异性之间的关系问题要和对方讲清楚，同时，也要了解对方这方面的情况。在现今的社会环境下只经过一次恋爱就进入婚姻的情况已经不多见了。在走进婚姻之前，各自有过恋爱经历是很普遍的事情。如果和以前的恋人发生过性关系，问题就比较复杂。如果你告诉对方实情，不知道对方能否接受，会不会因此而分手；如果你将实情隐藏起来，结婚之后一旦暴露，对方受到的伤害会更加严重，甚至出现信任危机而导致离婚。

怎么办？这是一个非常复杂的问题。虽然每个人遇到的情况有所不同，但是有几项原则需要注意。

①如果你自己也犯过这样的错误，请不要挑剔别人。

“你自己眼中有梁木，怎能对你弟兄说：‘容我去掉你眼中的刺’呢？”[89]

我的一个外国朋友是解决婚姻问题的专家。几年前，他在某大学做有关艾滋病预防的讲座，请我为他设计一个调查问卷。我在问卷中提了两个有关婚前性行为的问题，还特意将一个问题放在问卷的前面，一个放在后面，以分散学生的注意力。前面的一个是：“你认为婚前性行为是可以接受的吗？”另一个问题是：“你愿意同一个曾经与他人发生过性关系的人结婚吗？”结果第一个问题绝大多数人都回答“是的”，第二个问题大数人的回答却是“不愿意！”。

这一情况反映出目前年轻人普遍的一种心态：“我可以，但你不可以。”说到底，这是自私心理。

②即使你从来没有犯过这样的错误，要知道，我们都是罪人。“你们听见有话说：‘不可奸淫。’只是我告诉你们：凡看见妇女就动淫念的，这人心里已经与她犯奸淫了。”

《圣经》告诉我们，“世人都犯了罪，亏缺了神的荣耀”。没有哪个人是十全十美的，我们都曾犯过这样那样的错误。所以要锤炼一颗彼此接纳的心。“所以你们要彼此接纳，如同基督接纳你们一样，使荣耀归与神。”[90]

③无论过去犯过什么样的错误，在基督里我们都已经成为新造的人。“若有人在基督里，他就是新造的人，旧事已过，都变成新的了。”

当一个人相信上帝，承认自己所犯的罪，愿意寻求饶恕并且悔改的时候，上帝已经饶恕了他。耶稣在十字架上流血牺牲，已经为他赎了罪，使他成为一个“新人”。

④如果真的爱一个人，就要接纳他（她），无论过去、现在还是将来。

我们接纳一个人，不仅是横向的（他的优缺点、他的亲属关系），还应该是纵向的（他的一生）。这样的接纳应当是无条件的，因为耶稣在我们还活在罪中的时候就接纳了我们，他对我们的爱永不止息，我们也要如此接纳他人。

⑤没有人能确保自己永远不犯错误。《哥林多前书》说：“所以，自己以为站得稳的，须要谨慎，免得跌倒。”

即便我们在婚前没有失去圣洁，但并不能因此确定在婚后一定不会出轨。现今的社会环境充满了性的试探，我们一定要谨慎，免得进入试探。

⑥最关键的要看他（她）现在信仰的状况。

他（她）是否真正认识到自己的罪，以实际行动来悔改？上帝所看重的不是一个人表面上说什么、做什么，而是从心里愿意悔改，跟随他。

《路加福音》讲述一个故事："耶稣向那些仗着自己是义人，藐视别人的，设一个比喻，说：'有两个人上殿里去祷告：一个是法利赛人，一个是税吏。法利赛人站着，自言自语地祷告说：'神啊，我感谢你，我不像别人勒索、不义、奸淫，也不像这个税吏。我一个礼拜禁食两次，凡我所得的，都捐上十分之一。'那税吏远远地站着，连举目望天也不敢，只捶着胸说：'神啊，开恩可怜我这个罪人！我告诉你们：这人回家去比那人倒算为义了。因为，凡自高的，必降为卑；自卑的，必升为高。"[91]

一个是拥有"圣洁"的身体却没有认识到自己原罪的人，一个是虽然失去了圣洁的身体却已经归向基督，并活出圣洁行为的人，如果让你在他们之间选择的话，我劝你坚决地选择后者。让我们看一下基督对待我们的态度：无论我们过去多么罪孽深重，只要认罪并悔改，在他的眼里我们就是圣洁的，他接纳我们。《以赛亚书》说："惟有我为自己的缘故涂抹你的过犯，我也不记念你的罪恶。"[92]所以，只有在基督里，我们才有盼望。

我们知道，历史上有很多上帝大大使用的仆人曾经都是声名狼藉的恶棍，最典型的例子就是保罗。我觉得没有谁比保罗更加蒙上帝使用的了，然而保罗在《提摩太前书》说："'基督耶稣降世，为要拯救罪人。'这

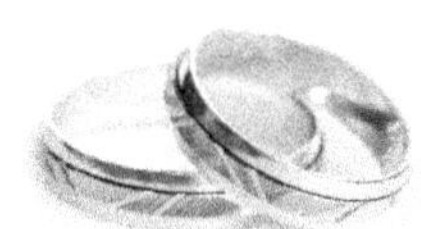

话是可信的，是十分可佩服的。在罪人中我是个罪魁。然而我蒙了怜悯，是因耶稣基督要在我这罪魁身上显明他一切的忍耐，给后来信他得永生的人作榜样。”[93] 由此可见，我们以前做了什么并不重要，重要的是我们要认罪悔改。耶稣族谱中记载的喇合是一个妓女，然而，却因为信仰上帝成为蒙祝福的人。

综上所述：为了得到对方而隐瞒自己的某些实情，无疑是在欺骗对方。“我是因为太爱你了，不愿失去你，所以才没敢说。”这样的解释是站不住脚的。婚姻必须是彼此全然的接纳。在与对方共同享受爱情生活的同时，也必须承受这个人给你带来到一切麻烦，否则就是“攫取”而不是“委身”，是“玩弄”而不是“爱情”。基于这一原则，应该在订婚之前勇敢地将自己的情况如实与对方沟通，只有对方经过深思熟虑后决定接纳你时，才能有一个健康的婚姻。

同恋人沟通个人隐私时应注意的几点：

（1）如果二人关系发展前景不乐观的话，就没有必要涉及这个问题。

（2）如果关系发展得良好，对方的态度积极，那么也要在深入了解对方的品格之后，再考虑这个问题。否则，可能会造成心灵进一步的伤害。

（3）沟通的时候，对事情的描述宜粗不宜细、宜浅不宜深，点到为止。

（4）沟通之后，即便对方马上给予积极的表态，也要请对方回去认真思考一段时间，然后再回答。如果这么做之后对方的回答仍然是肯定的，那么从此之后二人都不能再提及此事。“惟有我为自己的缘故涂抹你的过犯，我也不记念你的罪恶。”

（5）如果对方有追问过细情节的倾向时，则要谨慎行事。因为这显示出对方似有日后“不接纳”的苗头。

4. 祈祷

婚姻是非常重要的决定，所以结婚前，你需要寻求上帝的带领。

“应当一无挂虑，只要凡事借着祷告、祈求和感谢，将你们所要的告诉神。神所赐出人意外的平安，必在基督耶稣里保守你们的心怀意念。”[94] 这是我们每个人都要学习的功课。在一生中，有很多事情需要我们做决定。小的时候，我们需要父母和师长帮助我们决定一些事情；信仰上帝之后，我们在一些重大事情上拿不准主意的时候，可以征求牧师的意见。但婚姻这件终身大事，必须要由你自己做最后的决定。这是你操练和上帝之间美好关系的绝好机会，他期待着与你建立亲密关系。圣灵会

给你清晰的带领，让你逐渐明白上帝的心意。如果你祷告之后心里还是没有平安，就要继续耐心等待。就好像当初以色列人在旷野仰望云柱、火柱一样，不清晰就不要前进，直到他向你显明他的旨意。

婚姻是上帝创造的，所以听从上帝的安排才能得到祝福。

三、婚礼的庄严与神圣

1. 婚礼是婚姻的必要程序

重要的事件发生时，都要有个隆重的仪式。在人类各种关系当中，与上帝的关系最重要，其次便是婚姻关系。所以，婚礼是一个非常重要的仪式。在婚礼上，新郎新娘在众人面前宣布：二人合而为一，彼此委身。这就是婚姻的盟约。

《约翰福音》第二章记载，耶稣在世上所行的第一个神迹就是在婚礼的筵席上，他也曾多次用迎娶新娘和婚筵来比喻天国的情形。婚礼对于任何一对新人来说都是非常必要的，不可以忽视。

2. 夫妻生活一定要从婚礼之后开始

前文已经讲过，婚前同居是不好的，是淫乱。也许有人会问：我们领了结婚证不就等于是合法夫妻了吗？我们已经迫不及待了，是否可以先过夫妻生活，以后在适当的时候再补办婚礼呢？我的回答是：不可以！如果这样的话，婚礼就失去了其盟约的意义，完全成了一个空洞的形式，成了“走过场”，甚至成了一场闹剧。这样的做法不符合《圣经》原则。婚姻登记之后，从国家规定的法律上讲，你们已经是合法夫妻了，可是作为基督徒，一定要非常严肃认真地对待《圣经》中所定下的婚姻程序。就是说，领了结婚证，还不能同居，而要等待婚礼之后才可以正式开始夫妻生活。保罗说“凡事都要规规矩矩地按着次序行。”[95] 如果“凡事都要”，那么婚姻这样的终身大事更不能例外。

虽然结婚证从法律程序上确定了夫妻关系，但婚姻对于基督徒还有更加重要的属灵意义，象征着基督与教会的关系。《启示录》说：“我又看见圣城新耶路撒冷由神那里从天而降，预备好了，就如新妇妆饰整齐，等候丈夫。”[96] 我们知道，婚姻中的“丈夫”预表的是基督，“新妇”预表的是教会。当你接受基督信仰的时候，就好像是与基督订婚，确立了夫妻关系。但这时教会还在

地上，肉身还不能与基督同在，所以要等待，直到耶稣再来，迎娶他的新娘回天家。《启示录》的这段描述，足以清楚地告诉我们：妻子一定要等到正式迎娶的婚礼之后才能够与丈夫同房，开始夫妻生活。

其实，中国人传统的婚姻也完全是这样的。虽然他们不认识上帝，但是在婚礼上要一拜天地，二拜高堂（父母），然后夫妻对拜。一拜天地，表示对上天的尊重，因为婚姻是天作之合。二拜高堂，表示感谢父母的养育之恩，并祈求他们的祝福。夫妻对拜，表示夫妻要相互尊重。所有礼仪结束后新郎新娘才能进入洞房，正式开始夫妻性生活。后来虽然简化了程序，但是“婚礼之后同居”仍然是非常严格的习俗。我至今记忆犹新。20年前我们刚结婚的年代，那时候，如果哪家媳妇生第一胎，周围的大妈大婶们会掰着手指头掐算日子，若是十月怀胎的日子推算到婚礼之前的话，小两口每天进进出出一定会被人家“戳脊梁骨”的。现代的年轻人可能会想：“这是封建传统思想，早该扫地出门了。”非也！这里面是有上帝的意志的。上帝正是借着这种严格的外界压力，使那些不认识上帝的人能够对他所创造的婚姻关系给予必要的尊重，而不能过于随便，因为婚姻乃是影响整个社会和谐与稳定的重要因素。至于以色列民族则是以讲求律法而闻名于世的，对婚姻有更加严格的规定。

我们从基督的降生就可以领略这一《圣经》原则。“耶稣基督降生的事记在下面：他母亲马利亚已经许配了约瑟，还没有迎娶，马利亚就从圣灵怀了孕。她丈夫约瑟是个义人，不愿意明明地羞辱她，想要暗暗地把她休了。”[97]

圣灵让马利亚在“许配”后和“迎娶”前这一时期怀孕是有其特殊意义的。一方面，可以使马利亚生育之后得到保护和安慰。少女怀孕生子，这在当时是大逆不道的事情，可以想象马利亚所承受的压力。但她已经许配了男人，而且那个男人能够接纳她，她就可以免受伤害，并得到保护和慰藉。另一方面，让世人清楚地知道，约瑟虽然是耶稣的父亲，但耶稣不是从约瑟而怀的孩子。当时以色列人有关婚姻程序的律法非常严格，就是“许配”以后二人也不能同居，甚至不能任何私下的接触，必须要等待到“迎娶”之后方可。“许配”即双方确定夫妻的关系，就如同今天登记并领取结婚证；而“迎娶”则是公开地举办婚礼，正式将妻子接到丈夫的家，开始过婚姻生活。所以，玛丽亚既没有淫乱，又不是从约瑟怀孕，而唯一的结论就是从圣灵受孕。

基于上述分析我们可以得知，“许配”后的男女也不得有夫妻生活，一定要等待“迎娶”之后方可同房。基督徒就是今天的“以色列民”，所以，确定了婚姻关系后，也应该自觉遵守这样的婚姻程式，一定要在“迎娶”的婚礼之后再开始夫妻生活。

结 束 语

无论是淫乱的，是污秽的，是有贪心的，

在基督和神的国里都是无分的。

——《以弗所书》

我多年前一直专心于婚姻和亲子教育的工作，没怎么注意未婚青年恋爱问题。五年前的一天，我在位于北京两所顶尖级大学中间地带的一家饭店开会时，看到毛骨悚然的一幕。

那天中午，我们在前厅一侧的自助餐厅用餐，竟然看到饭店前台那里登记入住的人排起了两条长队。开始我并没有理会，随意对服务员说："你们这里的生意真不错，入住都要排队！"他回答说："每天中午都这样，是谈恋爱的大学生。""啊？"我这才注意到，排队的都是一对对勾肩搭背的青年大学生男女。我当时呆呆地愣在那里，心里有一种说不出来的难受。当我们回房间休息的时候，听到楼道里传出阵阵肆无忌惮的淫荡的喊叫声。

这一切若不是亲眼所见，我是万万不会相信的。真不知道那含辛茹苦把孩子养大，并满怀希望把他们送到北京求学的父母们得知这一状况将作何感想。我迫切地求问上帝："我该怎么办？我能为此做些什么？"他告诉我："将我对婚姻的旨意，告诉他们！"从那时起，我就感到里面有一股力量在不住地催逼着自己。于是，我开始以各种方式为青年人讲述基于圣经原则的婚恋

课程。

几年来，虽然我看到许多听过这一课程的年轻人在恋爱的观念上有许多转变，但是一个不容忽视的景况是，色情淫乱之风在整个年轻一代当中却是愈演愈烈，其社会原因是多方面的：父母离异，原生家庭破裂；独生子女孤独的成长过程；缺乏父母关爱；外界的刺激和诱惑。但更为重要的是以下两个方面：一是，当前有关恋爱和两性关系的正面引导实在太少；二是，一些所谓的性学专家不负责任的说教，对这种“性开放”潮流也起到了推波助澜的作用。然而，他们这些所谓“新的观念”却能以科学的面目在某些刊物、报纸和互联网上堂而皇之地登载。青少年思想单纯、幼稚而且普遍缺乏积极正面的带领，所以很容易在这样的蛊惑下而误入歧途。这使我意识到，举办讲座只能让有限的观众听到，我要把演讲的内容写成一本书，让更多的人知道这些信息。但每当萌发写书的念头时，又总是感觉时机还不成熟。然而，去年一篇来自国外的新闻报道，让我下决心将这本书迫不及待地写出来。那是一位外国驻京记者的报道：在北京，大学生情侣们每个周末会蜂拥到某个名牌大学附近的一家饭店，竞相登记钟点房来享受性的快乐。这令那位见多识广的西方记者瞠目结舌：在西方世界也没有见到过这样的情景！

这篇报道震撼了我，使我又回想起五年前在另一家饭店所目睹的那一幕，并且激励着我要将圣经所给我的启示告诉年轻的朋友们。我意识到，让年轻人听到这样的信息已经是刻不容缓的事情。我要用自己微弱的声音向社会呼吁："救救孩子！"向青年人呐喊："珍重自己！"

愿上帝使用这本书唤起年青一代朋友们的良知，让他们明白什么是真正的爱情，尊重上帝创造的婚姻关系，从而建造一个幸福美满的家庭，并且子子孙孙都得到祝福。

找对象难，离婚率高，未婚同居者多——这就是当今中国年青一代面临的状况。

20年前，如果哪个女士年过三十还没有结婚，一定会成为同事们经常谈论的话题，然而如今，你不论走到哪里，大龄未婚青年都是屡见不鲜。我上小学的时候，如果哪个同学的父母离婚了，第二天就会成为全校学生谈论的头号新闻，而现在到任何一所学校去调查一下，哪个班没有十个八个来自破裂家庭的学生？看到成双成对进进出出的新邻舍，你知道哪些人是夫妻，哪些人在同居吗？

你们要追求与众人和睦，并要追求圣洁，非圣洁没有人能见主。
——《希伯来书》

让人们大惑不解的是：现在，青年男女如此开放、大胆，接触的机会如此之多，沟通的方式如此之丰富，婚介机构如雨后春笋，电视征婚、速配节目比比皆是，

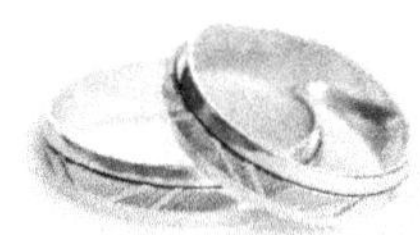

人们怎么会找对象越来越难了呢?

经过花前月下自由恋爱，又轰轰烈烈地大摆排场结婚，这么自由、美好的结合怎么经不起风吹雨打，反而轻易就会破碎呢?这的确是值得我们深思的问题。

以前，人们没有这么多的接触机会，没有这么多的沟通手段，没有这么多的征婚方式，也没有这么多的物质上的准备，有人只是经过媒人的介绍或者由父母包办，不久就登记结婚了。婚礼也只是个简单的仪式，然后发一点喜糖，接着就是平平淡淡的婚姻生活。虽然大多数夫妻也会磕磕碰碰的，但是很少听说有离婚的事情。

按说社会比以前更加进步、开放，人们应该更容易找到合乎自己心意的配偶，婚姻比以前更加幸福才对，然而，事实并非如此。不是吗?未婚大龄青年越来越多，离婚率越来越高，婚前同居、婚外同居越来越普遍，这就是一个极好的证明。

人们不禁要问：为什么会是这个样子?其实，只要看一看《圣经》，就会明白这个问题。

《创世记》记载，上帝在完成宇宙万物的创造之后，就创造了一个亚当，并且让他在伊甸园“修理看守”。这时候，世界上诞生了第一个关系：上帝与亚当之间的关系——人神关系。接着，上帝看到亚当一个人“独居不好”，又用亚当的肋骨为他造了一个女人，于是诞生了世界上的第二个关系，就是夫妻关系。然后，上帝就“歇了他一切的工”，让所创造的这一切按照他所定的律例去繁衍生息。圣经所描述的这一过程是在告诉我们：

（1）在婚姻关系产生之前，上帝有许许多多的创造，为这一关系做好了环境的准备。前者是条件，而后者是目的。

婚姻，人人都当尊重，床也不可污秽，因为苟合行淫的人，神必要审判。
——《希伯来书》

（2）人神关系是第一关系。寻求、恢复并不断改善、密切与上帝的关系是人生的真正目的。

（3）夫妻关系是第二关系。它是所有其他人际关系的源头和基础。

所以，如果你在婚姻关系上没有处理好，那么你与其他人的关系无疑都会受到干扰和影响。而且，你一生的幸福感与婚姻关系息息相关。

一位年轻人问他的牧师如何理解天堂。牧师语重心长地告诉他：“年轻人，当你有一个美好的婚姻时，你就会理解什么是天堂！”

“那么，又如何理解地狱呢？”他接着追问。

“这就更简单了，”牧师说，“当你的婚姻破裂的时候，你就会理解什么是地狱了。”

著名婚姻专家盖瑞·查普曼先生在北京的一次座谈会上说过：“如果你有好的婚姻，你会觉得整个世界都充满希望；如果你的婚姻失败，你会觉得整个世界都为之昏暗。”

我自己的亲身经历让我感觉到：婚姻对于一个人一生的幸福起着至关重要的作用。婚姻关系是所有人际关系的基础，所以上帝极其看重这个关系。他告诫人们必须尊重婚姻关系，否则将会产生严重的后果。《希伯来书》说：“婚姻，人人都当尊重，床也不可污秽，因为苟合行淫的人神必要审判。”[98]这里的“床”就是指两性关系。

现在人们在婚恋问题上不负责任的态度我想主要有这样一些原因：

（1）外在的约束力消除得太快。

过去，虽然也有人并不了解婚姻的重要性，但是有许多的社会压力迫使人们不能在这方面过于随便：离婚会受到人们的指责，离了婚女人很难谋生，离过婚的男人不被接纳，婚外情会遭到嘲笑，第三者会遭到人们唾弃，等等。但是，现在的社会风气已经有了很大变化，过去人们对婚姻的观念现在被很多人认为迂腐、不开化。

其实，这情形就如同人们对待交通规则的态度：虽然有些人打心眼里不愿意遵守交通规则，但是马路上有很多水泥隔离墩、铁栅栏、摄像头、交通协理员，更有交通警察在执勤，于是人们不得不遵守行车秩序。所有的这些强制措施都是为着一个目的，那就是保证交通的畅通。

但是，如果有一天这些规则统统没有了，所有的水泥隔离墩、铁栅栏都被拆除了，而且你被告诉说可以按照你自己的意愿随便走，请问这城市会是什么样子？你敢不敢出门？

你知道吗？这就是我们今天社会上婚姻的状况。在今天的社会风气下，很多人不再尊重婚姻的规则。人们被告知，你有充分的性自由，婚姻是对人性的束缚，是爱情的枷锁，甚至跟同性恋爱结婚也无何不可。于是，大家看到今天两性关系的混乱局面。

（2）内在的约束力尚未建立起来。

过去，人们对待婚姻的态度大多是严肃、认真的，所以，很少有人会离婚。

今天的年轻人不分好坏地反对一切传统的东西，以为只要是新的东西、时髦的东西就是好的。他们大都以自我为中心，苦苦地寻求能够适合自己的人。出发点只是要满足自己的快乐，很多人甚至没有认真考虑自己应在婚姻中承担的责任和义务。实际上，这些人并没有准备好结婚后应该做什么，所以即便他们结了婚，婚姻关系也会很快破裂。

《圣经》说："你要保守你心，胜过保守一切，因为一生的果效，是由心发出。"

我写这本书的目的是帮助当代的年轻人，首先是基

督徒青年，根据圣经所张显的婚姻原则，在自己的心里建立起内在的约束力和抵挡外来诱惑的防护栏。

愿这本书能给迷茫中的年轻人带来祝福。

注 释

1《路加福音》16 章 10 节
2《箴言》23 章 5 节
3《箴言》31 章 30 节
4《耶利米书》48 章 7 节
5《哥林多前书》13 章 1-3 节
6《诗篇》15 篇 4 节
7《马太福音》7 章 17-18 节
8《传道书》11 章 9 节
9《箴言》29 章 18 节
10《提摩太前书》6 章 7 节
11《使徒行传》1 章 8 节
12《马太福音》7 章 16 节
13《马太福音》25 章 45 节
14《箴言》4 章 25 节
15《彼得前书》3 章 3-4 节
16《箴言》11 章 22 节
17《提摩太前书》4 章 8 节
18《哥林多前书》8 章 1 节
19《箴言》4 章 23 节
20《撒母耳记上》16 章 7 节
21《约翰一书》4 章 18 节
22《马太福音》7 章 12 节
23《雅歌》4 章 9-10 节
24《雅歌》5 章 16 节
25《雅歌》8 章 6 节
26《箴言》5 章 15-17 节
27《哥林多前书》7 章 2 节
28《雅歌》8 章 11 节
29《传道书》4 章 12 节
30《雅歌》2 章 15 节
31《雅歌》8 章 8 节
32《哥林多后书》5 章 17 节
33《约翰福音》8 章 11 节
34《民数记》9 章 12 节
35《马太福音》5 章 27-28 节
36《哥林多前书》9 章 27 节
37《罗马书》5 章 17 节
38《哥林多前书》7 章 2 节
39《创世记》2 章 24-25 节
40《哥林多前书》10 章 13 节
41《创世记》2 章 18 节
42《以弗所书》4 章 27 节
43《哥林多前书》10 章 12 节
44《以弗所书》6 章 16 节
45《民数记》15 章 39-40 节
46《箴言》4 章 15 节
47《箴言》7 章 22-23 节
48-49《创世记》2 章 7、18 节

50《耶利米书》34 章 18–20 节
51《哥林多前书》11 章 3 节
52《创世记》2 章 15 节
53《提摩太前书》3 章 5 节
54《创世记》2 章 23 节
55《提摩太前书》2 章 12 节
56《创世记》3 章 20 节
57《以弗所书》5 章 22–24 节
58《提摩太前书》2 章 11 节
59《箴言》14 章 1 节
60《创世记》3 章 16 节
61《以赛亚书》53 章 6 节
62《哥林多后书》6 章 14–15 节
63《创世记》6 章 1–4 节
64《创世记》4 章 4–5 节
65《诗篇》49 篇 11–12 节
66《创世记》4 篇 24 节
67《创世记》4 章 15 节
68《罗马书》12 章 19 节
69《民数记》13 章 32–33 节
70《约书亚记》5 章 6 节
71《创世记》6 章 5–8 节
72《约翰福音》14 章 16–18 节
73–75《创世记》5 章 5、8、11 节
76《创世记》9 章 29 节
77《加拉太书》5 章 17 节
78《哥林多前书》10 章 12 节
79《哈该书》2 章 11–14 节
80《罗马书》2 章 12 节
81《希伯来书》6 章 4–6 节
82《加拉太书》4 章 8–9 节
83《希伯来书》10 章 26 节
84《雅各书》1 章 6–8 节
85《以赛亚书》43 章 19 节
86《约翰福音》5 章 2–9 节
87《罗马书》13 章 1 节
88《申命记》5 章 16 节
89《马太福音》7 章 4 节
90《罗马书》15 章 7 节
91《路加福音》18 章 9–14 节
92《以赛亚书》43 章 25 节
93《提摩太前书》1 章 15–16 节
94《腓立比书》4 章 6–7 节
95《哥林多前书》14 章 40 节
96《启示录》21 章 2 节
97《马太福音》1 章 18–19 节
98《希伯来书》13 章 4 节

www.ingramcontent.com/pod-product-compliance
Ingram Content Group UK Ltd.
Pitfield, Milton Keynes, MK11 3LW, UK
UKHW062307290726
14090UKWH00018B/923